Hans Zender

Wir steigen niemals in denselben Fluß

HERDER / SPEKTRUM

Band 4511

Das Buch

„Die Augen erzählen uns ihre Geschichte über die Welt; die Ohren erzählen auch eine Geschichte, aber eine andere." Hans Zender beschreibt Musikhören als Schlüssel zur Gegenwart und erschließt Musik als lebendige, immer neue Erfahrung von Zeit. „Hören wir ein Stück zum zweiten Mal, spielt die Erinnerung des ersten Hörens mit und beschert uns einen ganz veränderten Gesamteindruck des gleichen Stückes – aber was heißt ,des gleichen Stückes'? Gibt es denn überhaupt ,gleiche Stücke'? Wir selbst spielen ja mit bei diesen Stücken: bei jedem Hören geben wir ein anderes Echo hinzu und erhalten so ein verändertes Bild dieses ,Gleichen'." Das Fragment des vorsokratischen Philosophen Heraklit „Wir steigen niemals in denselben Fluß" wird für Hans Zender zum Schlüsselsatz für das Verständnis auch unserer geistigen Situation und damit für das Verständnis der Neuen Musik. Die emanzipatorischen Anstrengungen der Kunst des 20. Jahrhunderts haben dazu geführt, daß sie sich heute in eine „Wüste totaler Freiheit" ausgesetzt erfährt. Für den Dirigenten Hans Zender ist die schöpferische Neudeutung so unterschiedlicher Werke wie die von Schubert, Schumann, Lachenmann, Messiaen, Cage oder Scelsi eine Selbstverständlichkeit. Der Komponist Hans Zender legt in diesem Band neue Essays über Musik und Musiker vor, die in schöpferischer Neudeutung den Zugang zu so unterschiedlichen Komponisten öffnen. Eine glänzende Einführung – aus der Erfahrungsfülle eines Musik-Praktikers geschrieben.

Der Autor

Hans Zender, geb. 1936 in Wiesbaden, einer der bedeutendsten Repräsentanten der zeitgenössischen deutschen Musik, Komponist (zwei Opern, Orchester-, Kammer- und Vokalmusik), Dirigent (Chefpositionen in Bonn, Kiel, Hamburg; am Saarländischen und Holländischen Rundfunk), Professor für Komposition an der Musikhochschule in Frankfurt a. M. Internationale Dirigententätigkeit. Neben anderen Auszeichnungen erhielt Zender 1997 den Goethepreis der Stadt Frankfurt a. M. Bei Herder/Spektrum: Happy New Ears. Das Abenteuer, Musik zu hören (Band 4049)

Hans Zender

Wir steigen niemals in denselben Fluß

Wie Musikhören sich wandelt

Herder

Freiburg · Basel · Wien

2. Auflage

Gedruckt auf umweltfreundlichem,
chlorfrei gebleichtem Papier

Originalausgabe

Alle Rechte vorbehalten – Printed in Germany
© Verlag Herder Freiburg im Breisgau 1996
Herstellung: Freiburger Graphische Betriebe 1998
Umschlaggestaltung: Joseph Pölzelbauer
Umschlagmotiv:
Theo van Doesburg, la danse, RBK The Hague, Tim Koster
ISBN: 3-451-04511-7

Inhalt

Vorwort

Die zunehmende Spezialisierung unseres Musiklebens gefährdet seine Qualität. Dadurch, daß sich die heute entstehende Kunst immer mehr von der traditionellen isoliert, verliert die eine ihre Maßstäbe, die andere versteinert. Der historisch arbeitende Wissenschaftler wie der theoretisierende Komponist (soweit er ausschließlich konzeptuell denkt) vergessen beide allzuoft über ihrer Arbeit auch auf die so andersartige Erfahrung des aktuell gestaltenden Interpreten zu reflektieren – eine Erfahrung, die mit der des Hörers von Musik eng verwandt ist, denn sie erfährt Musik als konkreten Teil unseres gelebten Lebens, nicht nur als die fiktive Zeit des Lesenden oder Schreibenden. Erst wenn man die einander „feindlich" gegenüberstehenden Pole der Musik: formale Logik und sinnliche Unmittelbarkeit, zusammendenkt, kann man dem Anspruch der großen europäischen Musik gerecht werden und ihre Tradition weiter in die Zukunft tragen.

Das starke Echo, das vor allem meine Rede zum 100. Geburtstag von Paul Hindemith in der Frankfurter Paulskirche gefunden hat, zeigte mir einmal mehr, daß die behandelten Fragen nicht nur Insider-Probleme sind; sie berühren jeden nachdenklichen Musikfreund, für den die Musik nicht „Unterhaltung" oder „Bildungsgut" sondern existentielles Erleben, Gestalt innerer Wahrheit ist. Ich versuche in meinen Texten, den Abgrund zu überbrücken, der sich so oft zwischen dem Bewußtsein des Fachmusikers und dem des Rezipienten auftut.

Wie die Beiträge des Herder-Spektrum-Bandes „Happy New Ears" sind auch die hier vorliegenden Aufsätze als Niederschläge meiner kompositorischen und interpretatorischen Tätigkeit zu verstehen. Obwohl aus verschiedenen Anlässen entstanden, kreisen sie alle um die gleichen zentralen Gedanken, und berühren sich gegenseitig an diesen neuralgischen Punkten.

Wieder habe ich Constanze Eisenbart sehr herzlich zu danken für unschätzbare redaktionelle Hilfe bei Auswahl und Korrektur dieser innerhalb der letzten vier Jahre entstandenen Aufsätze. Ist „Happy New Ears" John Cage zugeeignet, so möchte ich diesen Band dem Andenken von Olivier Messiaen widmen, dessen Arbeit und Persönlichkeit mir immer mehr bedeutet.

Hans Zender, September 1996

Wir steigen niemals in denselben Fluß

Die Augen erzählen uns ihre Geschichte über die Welt; die Ohren erzählen auch eine Geschichte, aber eine andere. Sind die Augen befähigt, die Außenwelt in ihrer Gegenständlichkeit, die Gegenstände in ihrer räumlichen Ausdehnung und in ihren Eigenschaften zu erfassen, so sind die Ohren auf die Beobachtung des dynamischen Geschehens fixiert, das sich in der fließenden Gegenwärtigkeit des individuellen Lebensprozesses abspielt. Die Augen entwickeln ein strukturell ordnendes Denken, während das ganz andersartige Denken der Ohren einen schweifenden, umkreisenden Charakter hat. Die Ohren haben so eine natürliche Affinität zu der Welt des Traumes und des Unbewußten, während die wachen Augen danach streben, sich ein präzises, wenn möglich eindeutiges Bild von der Welt zu machen.

Würde man sich mit dieser Beschreibung unserer Wahrnehmung – mit der Arbeitsteilung von Auge für die äußere, Ohr für die innere Welt – zufriedengeben, so würde man allerdings nur die Oberfläche eines weit subtileren Geschehens erfaßt haben. „Sehen" ist strukturell, „Hören" dynamisch; aber gerade das künstlerische Sehen und Hören können uns darüber belehren, daß es auch ein strukturelles Hören und ein dynamisches Sehen gibt. Um ein bildnerisches Kunstwerk zu verstehen, muß ich mich bemühen, über die rein informatorische Erfassung der offen zu Tage liegenden strukturellen Beziehungen von Farbe und Form hinauszukommen und in den Raum des Bildes „einzutreten". Ich muß mich in einem zeitlichen Prozeß innerhalb des Bildes bewegen, um seine Eigenschaften zu schmecken und zu berühren. Ebenso ist ein musikalisches Kunstwerk nicht nur aktuelles Sich-Ereignen sondern proportionierte Anordnung klanglicher Zeichen in einem begrenzten Zeitraum. – Schon dieses letzte Wort „Zeitraum" kann uns das Verständnis erschließen für einen verborgen in uns sich abspielenden Integrationsprozeß, welche das „Ohrendenken" mit dem „Augendenken" in Verbindung bringt. Diese Verbindung ist aber nicht ein harmonisierendes Sich-Ausgleichen oder ein Sich-in-der-Mitte-Treffen sondern ein erbitterter Kampf zwischen zwei gegenläufigen Tendenzen. Eine „Harmonie" zwischen ihnen ist nur als heikler Balanceakt sowohl eines Individuums wie einer ganzen Kultur zu begreifen. Dominiert das introvertierte „Ohrendenken", so droht ein Abkippen in Regression und Lähmung; herrscht nur das extravertierte „Augendenken", so kann der Mensch die Verbindung zu seinen natürlichen Grundlagen verlieren und damit seine Kreativität. Es ist vielleicht die wichtigste Aufgabe von Kunst und Künstlern, zu dieser Art von Balance beizutragen. Die Künstler können das aber nur, wenn sie ihr eigenes Metier tiefer verstehen lernen. Jene Einseitigkeiten, welche den jeweils herrschenden Kulturvorstellungen inhärent sind, wirken sich bis in die künstlerische Produktion aus. Die Reflexion auf solche Deformationsprozesse kann nicht nur erhellen sondern auch heilen und befreien.

In der europäischen Kultur wird seit jeher der Wahrnehmung des Auges die führende Rolle zugeteilt. Das zeigt schon ein Blick auf den Sprachschatz: Nur ganz wenige Worte sind aus der akustischen Erfahrung abgezogen, die meisten aus der Erfahrung der sichtbaren Welt. Sogar der Musiker spricht von „hohen" und „tiefen", „weichen" und „harten" Klängen. Das muß Auswirkungen auf das Denken haben. Jean Paul sagt in seiner „Clavis Fichtiana": „Wäre nur die Sprache z. B. mehr von der *hörbaren* als von der *sichtbaren* Welt entlehnt: so hätten wir eine ganz andere Philosophie und wahrscheinlich eine mehr dynamische als atomistische." In unseren Tagen scheint dieses „atomistische", naturwissenschaftlich-erkennende Denken zu kulminieren und zu einer Hypertrophie des Auges gegenüber dem Ohr zu führen. Akustische Wahrnehmung funktioniert nach anderen Gesetzmäßigkeiten als optische; sie setzt größere Konzentration und Geduld voraus. Dichtung und Musik sind Schwesterkünste, denn beide entfalten sich in der Zeit. Ihre aus der Welt des inneren Hörens stammenden Botschaften sind allmählich in der Gefahr, nicht mehr aufgefangen werden zu können – während die bildenden Künste in einer primär optisch sensibilisierten Öffentlichkeit einen wesentlich einfacheren Stand haben. Das Ganze des menschlichen Geistes wird aber durch die beiden Pole Sehen *und* Hören getragen – sonst hätten wir nur die Erfahrung des Raumes und nicht die Erfahrung der Zeit.

Bildet das Sehen die Grundlage für die Fähigkeit des Menschen, eine Struktur in dem gegenwärtig Angeschauten zu erkennen, so wird die Fähigkeit, die Welt als eine dynamische Folge von Veränderungen zu erfahren, durch das Hören ermöglicht. „Hören" heißt, den Fluß des Nacheinander bewußt mitzuvollziehen. Dieses Bewußte wird auf der einen Seite durch die Erinnerung an Vergangenes, auf der anderen durch die Erwartung von Kommendem erzeugt. Die Erinnerung errichtet im Bewußtsein Inseln der Beständigkeit; von diesen Inseln kann sich der Fluß der Veränderung wiederum abheben und so die Erfahrung von „Zeit" ermöglichen. Musik ist nichts anderes als die Darstellung dieser Erfahrung von Zeit. Hören wir Musik ganz konzentriert, so tasten wir eine Sequenz von akustischen Gestalten ab, die wir während des Hörvorganges bewußt oder unbewußt miteinander verknüpfen und vergleichen: an bestimmten Stellen glauben wir Ähnlichkeiten zu früheren festzustellen, an anderen überraschende Kontraste. Hören wir ein Stück zum zweiten Mal, spielt die Erinnerung des ersten Hörens mit und beschert uns einen ganz veränderten Gesamteindruck des gleichen Stückes – aber was heißt „des gleichen Stükkes"? Gibt es denn überhaupt „gleiche Stücke"? Wir selbst spielen ja mit bei diesen Stücken: bei jedem Hören geben wir ein anderes Echo hinzu und erhalten so ein verändertes Bild dieses „Gleichen".

„Wir steigen niemals in denselben Fluß", heißt ein in seinem genauen Wortlaut bei den Philologen umstrittenes Fragment des vorsokratischen Philosophen Heraklit. Es ist die geniale Formulierung der eben geschilderten grundlegenden Erfahrung von Zeitlichkeit – wie sie jemandem vielleicht in einem erschütternden Daseinsmoment plötzlich aufgehen mag; eine Formulierung, bei der man kaum sagen kann, ob man sie als Gleichnis, als Metapher oder als Formel für eine direkte Lebenserfahrung betrachten sollte. Heraklit sagt, wenn wir zu verschiedenen Momenten unserer Lebenszeit in denselben Fluß steigen – vielleicht sogar an genau der gleichen Stelle –, so werden wir jedes Mal einer veränderten Zusammensetzung dessen begegnen, was eigentlich den Fluß bildet: des Wassers. Denn ein Fluß ist etwas, das dahinströmt. Gleichzeitig sagt der heraklitische Satz aber noch etwas anderes, wenn auch auf indirekte Weise: Wir könnten gar nicht vom „Fluß" sprechen, wenn der Fluß nicht gleichzeitig auch etwas Unveränderliches darstellen würde. Dieses Unveränderliche ist die Konstanz seines Strömens, die Tatsache, daß an der Stelle, an der wir in den Fluß steigen, immer wieder Wassermassen ankommen und, statt aufgehalten zu werden, weiterfließen. Diese „hintergründige" zweite Aussage des Satzes widerspricht der zunächst erkennbaren primären: Der Fluß ist niemals derselbe, trotzdem ist er als Fluß mit sich selbst identisch. Wir könnten den „primären" Sinn unseres Satzes gar nicht denken ohne den widersprechenden „sekundären". Hier zeigt sich als Kern unseres Erkennens ein unergründliches Paradox, ein unlösbares Rätsel. Heraklit nennt dieses Rätsel in einem anderen seiner Fragmente die „gegenstrebige Fügung" der Welt und vergleicht diese mit der Bauweise des Bogens und der Leier: „Sie verstehen nicht, wie Auseinandergezogenes mit sich selbst zusammengezogen wird: Gegenstrebige Fügung, wie die des Bogens und der Leier."

In seinem Buch „Der Begriff der Natur und seine Geschichte" erläutert Georg Picht diesen herakliteischen Satz auf folgende Weise: „Heraklit vergleicht hier die ‚gegenstrebige Fügung' der Einheit des Logos – denn von dieser ist die Rede – mit der des Bogens und der Leier. Der homerische, aus zwei Hörnern zusammengefügte Bogen erhielt seine Spannung durch ihre ‚Gegenstrebigkeit'. Das gleiche gilt von der Konstruktion der Leier. Jene Spannung, die den Bogen erst zum Bogen, die Leier erst zur Leier macht, wird in beiden Instrumenten dadurch erzeugt, daß die zusammengefügten Teile ‚auseinandergezogen' sind. Gerade durch dieses Auseinandergezogensein wird das Instrument in die Einheit seines Wesens ‚zusammengezogen'. Diese Einheit wird durch das Wort Harmonia = Fügung bezeichnet, das bei Homer in den Bereich der Kunst des Zimmermanns gehört und erst zur Zeit des Heraklit in den Bereich der Musik übertragen wird. Die durch die gegenstrebige Fügung hervorgebrachte Einheit ist Spannung; jede Spannung ist ‚gegenstrebig'. Gerade die Gegenstrebigkeit der Spannung macht das Wesensgefüge des Bogens und der Leier aus; die Kraft des Auseinanderstrebens ist identisch mit der Kraft, die diese Instrumente in das hineinspannt, was sie sind."

In einem ergänzenden Fragment führt Heraklit diesen Gedanken noch weiter; er zeigt, daß die Gegenstrebigkeit nicht nur in der Form sondern auch in der Intention gründet: Der Bogen kann als Musikinstrument zur Verherrlichung des Lebens dienen, aber er kann in der Hand des Kriegers auch ein Instrument werden, das Tod und Verderben bringt. „Der Name des Bogens ist Leben, sein Werk aber Tod."

Was sagen uns nun diese Sätze Heraklits über das Hören und Verstehen von Musik? Im Moment der Begegnung kann uns ein großes musikalisches Kunstwerk so unmittelbar packen, daß wir buchstäblich das Denken vergessen. Wir sind dann ganz eins mit dem dynamischen Aspekt der Musik: dem unmittelbar sich ereignenden Klang, der von Augenblick zu Augenblick sich ändernden Zeitgestalt. Fachleute pflegen diesem „begeisterten Hören" gegenüber den strukturellen Aspekt zu betonen: Man müsse, um Musik zu verstehen, von der gefühlten scheinbaren Unmittelbarkeit abstrahieren und die Verknüpfungen der Form ergründen, ihre Entsprechungen und Identitäten sowie ihre Veränderungen und Metamorphosen analysieren; die Webtechnik, die Konstruktion des betreffenden Stückes durchschauen, auch ihre Verbindung mit historischen Traditionen wie Tonsystemen, rhythmischen Ordnungen, stilistischer Herkunft etc. untersuchen. Das alles ist richtig; und doch würde eine qualitative Abwertung des unmittelbar hingegebenen Hörens gegenüber dem analysierenden Hören lediglich ein selbst nicht zu seinem Ende gelangtes Denken verraten. Der reale Vorgang des Hörens ist, sowohl als „begeistert-unmittelbarer" wie als „reflektierter", von unendlicher Komplexität; es handelt sich auch hier um eine „gegenstrebige Fügung", die im undurchdringlichen Dschungel unserer Wahr-nehmung ihre Wurzel hat. Schnürt sich das strukturelle Hören gegenüber dem komplexen dynamischen ab, so wird die lebendige Wirklichkeit der Musik zur abstrakten „Information". In unserer primär vom Sehen, das heißt vom strukturellen Denken, dem Denken der Naturwissenschaften, geprägten Kultur ist Musik in einer doppelten Gefahr: auf der einen Seite wird sie von manchen „Fachmusikdenkern" nur in ihren strukturellen Aspekten erfaßt und beschrieben – das ruft, gerade was

Neue Musik angeht, viele Mißverständnisse hervor; auf der anderen Seite wird Musik von einer Gesellschaft, welche an der selbsterschaffenen Kälte und Naturferne ihrer Technik und ihrer Bürokratie schwer leidet, zur kompensierenden Gefühlsspenderin mißbraucht. Die Auffassung, Musik sei so etwas wie „reine Natur", gar eine „heile Welt des Unbewußten", ist genauso falsch und einseitig wie die, Musik sei intelligible Struktur. „Verstehen" von Musik im philosophischen Sinn würde erst da beginnen, wo man die unverstehbare Wahrheit zu ahnen beginnt, daß Musik, daß Hören, daß Zeiterfahrung auch in sich selbst jene „gegenstrebige Fügung" von unendlichem dynamischen Fließen einerseits und strukturellen Einzelaspekten andererseits zeigt, die wir in Heraklits Flußfragment gefunden haben.

Jetzt können wir zwei Dinge besser verstehen: erstens, was eigentlich „musikalische Form" bedeutet, und zweitens, wie sich die Überlieferung von Musik über die Jahrhunderte hinweg vollzieht. Beides hat ja mit „Gedächtnis" zu tun. „Gedächtnis" errichtet, wie wir gesehen haben, Inseln von Erinnerung im Bewußtsein. So erfindet der Musiker charakteristische Gestalten – in der klassischen Musik zum Beispiel sprechen wir von „Themen" oder „Motiven"–, die sich dem Gedächtnis einprägen. Erst deren Existenz macht es möglich, solche Gestalten oder auch, im Kontrast dazu, „gestaltlose" Vorgänge zu erfassen. Aus dem Wechselspiel von wiederkehrenden und neu auftretenden Figuren bildet sich dann der Kosmos der musikalischen Architektur. Den Ausdruck „Architektur" allerdings wörtlich zu nehmen, ist ein weit verbreiteter Fehler, der insbesondere leicht beim Umgang mit Notationen und Partituren entsteht. Notation ist ja eine verräumlichte Chiffre für den lebendigen Fluß der Musik, bei dem der dynamisch-fließende Grundcharakter des Musikerlebens hoffnungslos hinter der quantifizierenden Symbolisierung ihrer strukturellen Merkmale verschwindet. Erst die Erfahrung des eigenen

Spielens, des Zurückverwandelns der Notation in lebendigen Klang, kann diese Einseitigkeit wieder korrigieren.

Was nun die geschichtliche Überlieferung von Musik betrifft – speziell in der mit einer Notenschrift ausgestatteten Musikkultur des Abendlandes –, so sind wir durch Erziehung daran gewöhnt, die reiche und widerspruchsvolle Fülle der geschichtlichen Phänomene mittels einiger sehr einfacher Koordinatensysteme zu erfassen: Wir sprechen von Tonsystemen, von rhythmischen Ordnungsgefügen, von bestimmten Formtypen, von Stilepochen, ohne zu merken, daß all diese Worte unser Hören – insoweit es ein „verstehendes Hören" ist – durch ein Vorverständnis mitbeeinflussen, ja manchmal deformieren. Wir müssen lernen zu erkennen, daß all diese sicher auch nützlichen Normen nichts anderes sind als sedimentierte Interpretationen einer bestimmten Epoche. Das Fließen der geschichtlichen Zeit selbst beschert uns jedoch ständig neue Interpretationen der gleichen wie der neu hinzugewachsenen geschichtlichen Phänomene. So müssen wir uns hüten, in all diesen Koordinatensystemen mehr zu sehen als austauschbare Schienenstränge, die dazu dienen, bestimmte Entwicklungswege der aesthetischen Formen besser verfolgen zu können.

Das musikalische Bewußtsein steht heute unter dem Zwang, sich selbst radikal neu definieren zu müssen. Dabei hatte sich doch das 20. Jahrhundert seit seinem Beginn als die Zeit des radikalen Bruchs mit den Normen der abendländischen Tradition verstanden. Im Bereich der Musik etwa kann man tatsächlich feststellen, daß die großen Emanzipationsbewegungen der Moderne die Musik nach und nach von allen Normen der klassischen Aesthetik und damit von allen festen Bezugspunkten „befreit" haben. Was diese Befreiung aber für den Künstler bedeutet, wird erst den gegenwärtig ihre schöpferische Arbeit beginnenden jungen Musikern völlig klar: Während die revolutionäre Avantgarde des nunmehr abgelebten Jahrhunderts noch den festen Bezugspunkt der selbstverständlich ererbten Tradition voraussetzen konnte, sieht sich das heutige Musikdenken in einen völlig offenen aesthetischen Horizont hinausversetzt. Das bedeutet, daß der Komponist die spezifische „gegenstrebige Fügung" seines Metiers – das individuelle Sich-Abheben von einer als Norm erfahrenen Überlieferung – nunmehr in sich selbst, beziehungsweise in seinem Werk vornehmen muß. Ein Kompositionsprozeß ist immer eine Art Ringkampf zwischen systematischen Ordnungen und individueller Freiheit. In einer offenen, pluralistischen und multikulturellen Gesellschaft muß das Kunstwerk seine Bezugspunkte selbst erst definieren, um sich verständlich machen zu können; es gibt keine vorgegebenen Strukturen mehr, die ihm dabei helfen. Nichts ist mehr selbstverständlich: weder Tonsystem noch Form, weder Komplexitätsgrad noch der Bezug zu bestimmten Gruppen oder zu kulturellen Traditionsfeldern der Gesellschaft. Die so lange beschworene und gesuchte absolute Freiheit: sie ist unser unausweichliches Schicksal geworden; und mit einer gewissen nostalgischen Rührung schauen wir zurück auf Anfang und Mitte des vergehenden Jahrhunderts, als man noch Ziele und Mittel der Moderne mit einer gewissen Einheitlichkeit definieren konnte.

Wenn wir die fünfziger Jahre mit der Wende vom 19. zum 20. Jahrhundert vergleichen, so bemerken wir, daß sich in der Grundvorstellung von dem, was wir als „Neue Musik" bezeichnen, ein entscheidender und sehr erhellender Bedeutungswandel vollzogen hat. Für die frühesten der radikalen Neuerer, für Schönberg und seine Schüler, ist der Begriff von „Neuheit" verbunden mit dem Ziel einer vertieften Geistigkeit der Kunst; ein asketischer Zug, der sich sehr deutlich von der üppig rauschenden, rückwärtsgewandten Kunst der gleichen Zeit – nennen wir nur Richard Strauß als bedeutendsten Exponenten – abhebt. Diese Geistigkeit ist eng mit der Theosophie und mit den russischen Symbolisten, mit der aufkeimenden Anthroposophie und mit anderen verwandten Strömungen verbunden. Fünfzig Jahre später wird die Geistigkeit Schönbergs umgedeutet in formale Abstraktion; aus seinem asketischen Symbolismus wird ein technologisch orientierter Positivismus im Umgang mit der musikalischen Materie. Lesen wir heute die Frühschriften von Stockhausen und Boulez, so bewundern wir ihren ganz außerordentlichen Scharfsinn und ihre souveräne systematische Bewältigung der neu aufgetauchten Fragen. Gleichzeitig können wir aber beobachten, wie gerade dieses systematische Denken in Parametern zur raschen Etablierung einer dem Ursprungsgeist der Moderne diametral entgegengesetzten dogmatischen Geschlossenheit und logizistischen Selbstbezogenheit beigetragen hat. Es ist die Frage, ob jene Linie, die unser Avantgardeverständnis (besonders auch durch den Einfluß Adornos) so strikt von Schönberg zum Serialismus der fünfziger und sechziger Jahre gezogen hat, wirklich der einzige überzeugende „Schienenstrang" zur Erforschung der Moderne ist, oder ob der Impuls der Moderne – der so schön in Kandinskys Titel „Über das Geistige in der Kunst" zum Ausdruck kommt – nach Schönberg an Künstler übergegangen ist, welche, stilistisch und systematisch betrachtet, mit der Schönberg-Schule überhaupt nichts gemein haben.

Es gibt drei Komponisten der etwa gleichen Generation (um 1910), die einen zunehmend starken Einfluß auf die heute jüngeren Generationen ausüben: Olivier Messiaen, John Cage und Giacinto Scelsi. Sie haben aesthetisch kaum Gemeinsamkeiten, zeigen aber alle drei individuelle Wege, sich in einem offenen aesthetischen Horizont zu bewegen. Genau das und nicht neue systematische Sicherungen fasziniert die Jungen. Diesen drei Komponisten sind deswegen längere Studien in diesem Buch gewidmet. Alle drei waren Einzelgänger, die ihren Weg geradezu im Widerstand gegen die um sich greifende systematische Etablierung der Neuen

Musik gefunden haben. Es scheint, daß eben dieser Weg einer ungeschützten Subjektivität – den ja auch die geistig Lebendigsten der folgenden Generationen gegangen sind, wie etwa Bernd Alois Zimmermann, Luigo Nono, György Kurtág und Helmut Lachenmann – die einzige Möglichkeit bietet, sich heute glaubwürdig auszudrücken.

In einer Zeit, in der offenbar ein umfassender „Paradigmenwechsel" stattfindet, geraten auch unsere Bezugssysteme für das Verstehen der Musik früherer Jahrhunderte ins Wanken. Durch eine veränderte Blickrichtung auf scheinbar wohlgeordnete und vertraute Kulturlandschaften können plötzlich bisher im Mittelpunkt stehende Künstler an den Rand und bisher kaum beachtete in den Vordergrund treten. Vergangenheit ist nichts Abgeschlossenes; ihre Kräfte können sich neu formieren und auf eine kaum voraussagbare Weise neu auf unsere Gegenwart einwirken. Hier muß sich unser Blick aus seiner Verhaftung auf die Moderne lösen und über ferne Jahrhunderte schweifen, in denen die Voraussetzungen für diese Moderne einst geschaffen würden, bis er an jenem schicksalhaften Punkt hängenbleibt, an dem die in einem spezifischen Sinn europäisch-abendländische Musik ihren Ursprung hat: bei der Erfindung der Notenschrift, welche die Erfindung der Mehrstimmigkeit nach sich zog. Die Erfahrung der Moderne läßt uns die alten Strukturen in ganz neuem Licht erscheinen. Manchmal glauben wir, von diesem Licht geblendet zu werden. Aber es zeigt uns die Chance geistigen Wachstums.

Eine von den Philologen für echt gehaltene andere Version unseres heraklitischen Flußfragmentes scheint diese Chance des größeren Reichtums mitten im chaotischen Wechsel auszusprechen: „Den in dieselben Flüsse Steigenden fließen andere und immer andere Wasser zu."

I.

Messiaen und das Haiku-Denken

Für Yvonne Loriod

Seit ich die „Sept Haikai" kenne – von allen Werken Messiaens liebe ich dieses Stück am meisten – habe ich mich gefragt, wo die formale Analogie liegt, die der Musiker zu den Gebilden der japanischen Dichtung gefunden hat.

Äußerlich betrachtet, entspricht natürlich die Reihe kleiner Charakterstücke – durch die abschließende Wiederholung des ersten Satzes zu einer Einheit gefaßt – der Form des japanischen Kettengedichtes. „Haikai", „Renga" waren in alten Zeiten lose Aneinanderreihungen geistreicher, manchmal witziger Kurzgedichte verschiedener Autoren. Das erste Gedicht der Folge, genannt „Hokku", nahm eine Sonderstellung ein; es gab dem Zyklus Stimmung und poetische Bilder voraus. Es hatte immer siebzehn Silben, in der dreizeiligen Aufteilung fünf-sieben-fünf. Später wurde dieses poetische Konzentrat zur selbständigen Form; man nannte es Haiku. Es wurde zu der bis heute populärsten und beliebtesten Form der japanischen Dichtung. Im Lauf seiner langen Geschichte nahm das Haiku immer mehr Einflüsse des Zen in sich auf. Zen erzieht den Geist zur Konzentration auf das Erleben der unmittelbaren Gegenwart; so ist eine solche Augenblicksform – als zeitliche Form einem Atemzug entsprechend – wunderbar geeignet, die Essenz des Zen künstlerisch darzustellen.

Finden wir nun bei Messiaen formale Analogien zur fünf-sieben-fünf-Aufteilung? Nein. Zur syntaktischen oder semantischen Struktur, etwa durch vergleichbare Hierarchisierungen von Klangereignissen? Nein. Sollte die gesuchte

Analogie vielleicht in einem viel fundamentaleren Bereich des Messiaenschen Denkens verborgen sein? Und was könnte dieser Bereich anderes sein als die Struktur der Zeit?

Ich finde in dem außerordentlichen Buch von Izutsu „Die Theorie des Schönen in Japan" folgende Sätze: „Der Waka-Dichter" (Waka ist eine Vorform des Hokku beziehungsweise Haiku) „scheint gegen die innere Natur der Sprache anzugehen; denn mit Hilfe von Wörtern versucht er ein *synchrones Feld*, eine räumliche Ausdehnung zu schaffen. Anstelle einer zeitlichen Abfolge von Wörtern, in der jedes folgende Wort fortfährt, gleichsam das vorangehende auszulöschen, zielt das Waka dahin, einen globalen Überblick des Ganzen zu schaffen, bei dem die benutzten Wörter alle gleichzeitig zu beachten sind." Typisch für die Zeitgestaltung bei Messiaen ist – und das gilt von seinen frühesten Werken bis zu seinen letzten – sowohl die Kontinuität als auch die Autonomie jeder der verschiedenartigen Zeitgestalten, die in einer Form auftauchen. Ganz im Gegensatz zur Musik der Beethoventradition gehen sie nicht ineinander über, beeinflussen sich nicht gegenseitig; sie entstammen nicht der gleichen Wurzel, sondern scheinen nebeneinander zu stehen, ohne eine Einheit zu bilden. Und doch gibt es kaum eine andere Musik, welche einen so starken Eindruck von Zusammenhang – und das oft über sehr lange Zeitstrecken – vermittelt.

In den siebziger Jahren fragte ich Messiaen einmal, was er für die wichtigste Erfahrungsquelle für einen heute heranwachsenden Komponisten halte. Zu meinem Erstaunen antwortete er: „Die Elektronik". „Das sagen Sie, der Sie nie ein Werk dieser Art veröffentlicht haben?" fragte ich zurück. „Es geht nicht um die Produktion elektronischer Musik", war seine Antwort, „sondern darum, von der Elektronik zwei grundlegende Verfahrensweisen fürs Komponieren zu lernen: den Schnitt und die Überlagerung – das heißt, einen neuen Umgang mit der musikalischen Zeit." Überlagerung komplexer Gestalten ist das Bauprinzip der „Sept Haikai". Wir finden bis zu sieben autonome Schichten, die gleichzeitig erklingen. „Autonom" soll hier heißen: geschlossen im Hinblick auf Instrumentation, Harmonik (wobei es entscheidend ist, daß diese modal ist) und rhythmische Pattern, und zwar ohne die Existenz irgendeiner Art von Superstruktur, die als prästabilierte Harmonie – wie in den klassischen Werken von Boulez und Stockhausen – dafür sorgt, daß die Schichten aufeinander bezogen werden können. Was kann der Hörer bei dieser Art von Überlagerung überhaupt noch an Gestalt wahrnehmen, fragte ich mich, als ich die Partitur dieses Werkes zum ersten Mal sah. Das Erstaunliche ist, daß die Partitur herrlich klingt und sich dem Hörer als geordneter Ablauf mitteilt. Ist das Zufall? Oder eine nicht analysierbare Leistung des „Genies" Messiaens?

In der Tat ist es nicht möglich, den Kern dieses Phänomens nach den klassischen formalen Strategien der europäischen musikalischen Logik einschließlich ihrer scharfsinnigsten Ausprägung im Denken von Pierre Boulez zu erfassen. Boulez selbst beschreibt 1973 die Musik seines Lehrers so: „Verglichen mit den Haltungen eines anderen erstklassigen Lehrers, Schönberg, sind die Verfahrensweisen Messiaens alles andere als konsistent und homogen, so sehr er auch auf bestimmte „Aspekte" des musikalischen Denkens bestehen mag. Seine theoretische Position, wenn man bei ihm überhaupt von einer solchen sprechen kann, basiert nicht auf bestimmten Ideen über die Entwicklung der musikalischen Sprache und ihren logischen Konsequenzen, sondern auf einem strikten Eklektizismus."

An anderer Stelle hat Boulez mit mehr Verständnis die enge Berührung seines eigenen Denkens mit dem Messiaens in den frühen fünfziger Jahren beschrieben: die Faszination durch das Numerische, durch die Perfektion einer sich selbst steuernden Rationalität (heute erleben junge Komponisten die gleiche Faszination neu vor dem immer schneller und komplexer werdenden Computer). In dieser Zeit war Messiaen, in der Erweiterung und Radikalisierung der seriellen Verfahrensweisen allen anderen vorauseilend, bereits zu einem „vernetzten" Denken gekommen, das den einzelnen Punkt unabhängig von seinem linearen Kontext definierte. Er konnte aber an dieser Stelle seiner Entwicklung nicht in die Bahn der damaligen Avantgarde einbiegen, deren Ziel (durchaus in Übereinstimmung mit der Tradition der Wiener Schule) die Herstellung einer kohärenten, in sich geschlossenen musikalischen Systematik sein mußte. Messiaen dagegen suchte einen Weg, eben diesen Konsequenzen zu entgehen, und daß er ihn fand, macht gerade heute seine Aktualität aus.

Jenes geschlossene Denken scheint Messiaen, nachdem er es einige Jahre erprobt hatte, wie ein Gefängnis vorgekommen zu sein. Er hat beschrieben, wie ihm irgendwann – er stand in der Mitte seines Lebens – der Vogelgesang als eine mögliche Quelle für sein kompositorisches Schaffen erschien, und wie er diese Entdeckung als eine ungeheure Befreiung erlebte. Versuchen wir, diesen Punkt in der Entwicklung eines großen Mannes etwas tiefer zu verstehen, und werfen wir zunächst einen Blick auf das erste große Werk, das Messiaen nach seinem inneren Bruch mit der Darmstädter Schule schrieb: den „Catalogue d' Oiseaux". Was den unbefangenen Betrachter des Catalogue zunächst verblüfft, ist die Tatsache, daß jede der eindeutig voneinander abgegrenzten musikalischen Gestalten dieses fast dreistündigen Riesenwerkes in der Partitur einen Namen trägt. Jeder der vielen verschiedenen Vögel, deren Gesang Messiaen studierte und in zwei- bis zehnstimmigen Klaviersatz transkribierte, gibt seinen Namen für die ihm gewidmeten Teile; außerdem werden Abschnitte mit dem Lebensbereich dieser Vögel, ihrem „ökologischen Ort", überschrieben: Wüste, Berglandschaft, Felsen, das Meer, der Fluß oder einfach „die Nacht". Was auf den ersten Blick eine erstaunliche Kindlichkeit oder wenigstens einen seltsamen Manierismus eines Autors zu zeigen scheint, enthüllt sich bei näherer Betrachtung der stilistischen und kompositionstechnischen Unterschiede als ein genialer Schachzug: Messiaen erhält durch diese Konzeption die Möglichkeit, Musikformen einander in einer wahrhaft „gegenstrebigen Fügung" zu konfrontieren, die nach gänzlich verschiedenartigen aesthetischen Normen gebaut sind. Die Spiegelungen von Weiden und Pappeln im Wasser; die Alpen der Dauphiné; phantastische Felsformationen der Dolomiten; die Nacht – all dies ist in einer Musiksprache dargestellt, welche ganz der abstrakt-strukturellen Welt des frühen Serialismus angehört; die Vogelgesänge dagegen zeigen in ihrer spektralen, manchmal „tonalisierenden" Harmonik und vor allem in ihrer repetitiven Zeitkonstruktion eine vollkommen andere Faktur. Diese mit Formkriterien der traditionellen Musik beschreiben zu wollen, führt in die Irre und ist – wenn man nicht sehr oberflächlich denkt – auch gar nicht durchzuführen. Was Messiaen hier tut, ist unendlich viel mehr, als Prinzipien von Wiederholung und Variation in einer Art freier Rondoform anzuwenden. Messiaen stattet jede seiner Vogelmusiken mit einem individuellen Wachstumsgesetz aus: manche Vögel wiederholen ihre Gesänge wörtlich genau, andere erweitern oder verkürzen sie auf die vielfältigste Weise, wieder andere erfinden ähnliche oder neue Melodien hinzu … Diese individuellen Gestaltgesetze sind so präzise, daß man sie ohne weiteres einem Computer als Programm eingeben könnte: Sie stellen – in distinkten Entwicklungsschritten und unterschiedlicher Komplexität – die Formen mit quasi „organischen" Entfaltungsmöglichkeiten dar: Formen, die wachsen können. Im Gegensatz dazu stehen die punktuellen, quasi „anorganischen" Strukturen von Fels und Meer.

Es wäre aber immer noch zu kurz gegriffen, wenn man

sich nun mit der Feststellung begnügen würde, daß Messiaen im „Catalogue d' Oiseaux" eben organische Wesen in der Landschaft, innerhalb ihres Lebensraumes, mit entsprechenden künstlerischen Mitteln dargestellt habe. Man muß den Spieß umdrehen und sagen, daß Messiaen seine persönliche kompositorische Antwort auf die Situation seiner Zeit gibt, *indem* er die Darmstädter Schule als die „anorganische" Möglichkeit von heutiger Musik dechiffriert, ihr seine neue Konzeption einer „organischen" Musik gegenüberstellt und beide Extreme zu einer ganz neuartigen formalen Synthese bringt. Um dieses Konzept möglichst plastisch zu realisieren, greift er, als musikalischer Poet, zu Vogelstimmen und Landschaftsbildern. Auch von einem anderen Aspekt her betrachtet ist diese formale Konzeption völlig neuartig. Messiaen gelingt es hier zum ersten Mal, großformale Prozesse zu etablieren, welche weder symmetrisch wie die Sonatenform, barocke Formen etc. noch asymmetrisch-offen, das heißt ohne sich wiederholende Gestalten sind wie die serielle Musik. Man möchte von einem chaotischen Mosaik sprechen; die Zahl der Repetitionen einzelner Gestalten variiert von ein- oder zweimal bis zu sehr hohen Zahlenwerten – ergibt also ein Bild größter Mannigfaltigkeit. Dazu kommt, daß gegen Ende eines Stückes manchmal noch neue formale Elemente auftauchen, die ein symmetrisches Sich-Schließen der Form verhindern: Es ist also gelungen, eine mittlere Position zwischen „offener" und „geschlossener" Form zu definieren.

Ganz offenbar erlebte Messiaen den Vogelgesang als den spontanen Einbruch der gewachsenen Natur in den sich seiner selbst voll bewußten, konstruktiven Geist. Ich fragte Messiaen bei einer anderen Gelegenheit, welcher der großen europäischen Komponisten für ihn der wichtigste sei. Die Antwort war wieder eine Überraschung: „Wagner – wegen seiner Leitmotive und ihrer Nähe zur Natur." Natur – das heißt für Messiaen aber nicht nur Lust am sinnlichen

Klangerlebnis, sondern auch Lust am Chaos. In seiner von nun an entstehenden Musik stoßen die chaotischen Zonen der Vogelstimmen immer wieder mit Formteilen zusammen, welche in klar erscheinender Systematik komponiert sind; der „Catalogue d' Oiseaux" ist nur der Beginn dieser Entwicklung. Man hat den Eindruck, daß Messiaen, ähnlich wie Jahrzehnte später etwa ein naturwissenschaftlicher Denker wie Prigogine, begonnen hat, in zwei verschiedenen Zeiten zu denken: in einer ersten, die gut überschaubar ist und den einfachen Systemen der klassischen Physik entspricht, und einer zweiten, nicht-linearen, welche etwas mit dem „internen" Zustand der Zeitstrukturen zu tun hat: es wird möglich, das Alter eines Systems zu erkennen und Systeme verschiedenen Alters zusammenzusehen; anders ausgedrückt: es wird das Wachstum von Systemen beobachtet. Für den Musiker bedeutet ein solches Denken nicht etwa nur, verschiedene strukturelle Komplexitätsgrade in *einer* Form zu verwenden, sondern auch, Strukturen verschiedenen historischen Alters zu verbinden. In dieser tatsächlich nicht mehr homogenen Welt, in der wir uns etwa vom Jahr 1955 an bei Messiaen bewegen, finden wir als Elemente seiner musikalischen Sprache eine Vielzahl von aesthetisch auf keinen gemeinsamen Nenner zu bringenden „Musiken" – angefangen bei den der Natur nachgebildeten Vogelstimmen über die indischen und altgriechischen Rhythmen, den gregorianischen Choral, Liszt'sche und Debussy'sche Reminiszenzen, an Strawinsky anschließende hochkomplizierte rhythmische Techniken bis hin zu den seriellen Konstruktionen der fünfziger Jahre.

Erst das lange nach der Entstehung der Messiaenschen Hauptwerke geborene Denken der Chaos-Theorie scheint komplex genug, um analytische Modelle zu liefern, welche in etwa beschreiben können, was in diesen neuen formalen Konfigurationen geschieht. Werfen wir wieder einen Blick auf die „Sept Haikai", und betrachten wir hier speziell die

Passagen, in denen sich manchmal bis zu sieben voneinander unabhängige autonome musikalische Strukturen überlagern. Wie kann man beschreiben, was die Wahrnehmung des Musikhörers hier erfährt?

Die Chaos-Forschung betrachtet und untersucht ja nicht nur, wie sich Systeme über die linearen Stadien hinaus zu chaotischen Zuständen hin entwickeln, dabei aber immer wieder neue Formen von Ordnung hervorbringen, sondern auch, wie sich verschiedenartige geschlossene Systeme „durcheinander hindurch" bewegen, ohne sich gegenseitig zu verletzen. Messiaens „Turbulenzen" sind von der eindeutigen Ordnung der klassischen Strategien ebenso weit entfernt wie von den Zufälligkeiten der naiven Aleatorik. Sie stellen eine Überstrukturierung dar, das heißt, sie bieten dem Hörer ein Zuviel an Ordnung an; das Resultat ist eine ungeahnte Mehrdimensionalität des hörenden Bewußtseins. (Hier liegt der Anschlußpunkt für das Denken von Bernd Alois Zimmermann, der in seinen Collagen den Gedanken der Simultaneität des Verschiedenen von dem „Denken in autonomen Schichten" bei Messiaen zum „Zitieren verschiedener historischer Stile" – ebenfalls oft simultan – weitergeführt hat.)

„Überlagerung" ist die eine der beiden neuen Strategien des Messiaenschen Denkens. Will man den „Schnitt" als die formale Alternative bei Messiaen studieren, so braucht man nur die etwa gleichzeitig mit den „Sept Haikai" entstandenen „Couleurs de la Cité Céleste" zu studieren. Hier findet man in einer Mosaikform etwa sechzig Schnitte bei circa zwanzig verschiedenen musikalischen Gestalten – wobei aber die Häufigkeit des Auftretens einer bestimmten Gestalt keineswegs um den Mittelwert drei kreist, wie es zu erwarten wäre, sondern zwischen eins und zwölf liegt: eine „dissipative" Struktur also (um in der Sprache der Chaosforscher zu reden), weit entfernt von entropischer Ausgeglichenheit.

Ein Ärgernis für alle Anhänger des geschlossenen systematischen Denkens der „alten" Avantgarde war Messiaen immer. Ich entsinne mich eines Konzertes im Rahmen der Darmstädter Ferienkurse in den frühen fünfziger Jahren, in dem Yvonne Loriod die „Vingt Regards" spielte und ein Publikum von heute in Ehren ergrauten „Fachleuten" sich vor Lachen über die vielen Fis-dur-Akkorde gar nicht mehr fassen konnte. Man verstand Messiaens heteronome Strukturen als Zeichen von Unbeständigkeit, Naivität, eklektizistischer Haltung und übersah dabei, daß die Realisierung seiner fundamental neuen Zeitstruktur nur auf diese Weise möglich war. Nur wenn man den strukturellen Kern selbst bereits als unreduzierbare Vielheit auffaßt anstatt, wie in der Tonalität und im klassischen seriellen Denken, als rationale Einheit, kann man die „einwertige Logik" der abendländischen Tradition sprengen. Genau das tat Messiaen, und hier muß man ihn mit Cage vergleichen.

Und so sind wir wieder im Herzen des Haiku-Denkens angelangt. Die musikalischen Gestalten bilden bei Messiaen eine Konstellation und nicht eine durch dialektische Arbeit vermittelte Einheit – im gleichen Sinn wie die Worte im Haiku ein synchrones Feld darstellen: „Man kann sagen, daß in einem solchermaßen konstituierten Feld die Zeit stillsteht oder sogar aufgehoben ist in dem Sinne, daß die Bedeutungen aller Wörter gleichzeitig in einer einzigen Sphäre gegenwärtig sind." (Izutsu)

Am Ende des 20. Jahrhunderts erscheint Messiaen als derjenige Musiker, welcher nicht nur die – von Schönberg angekündigte – „Vorherrschaft der deutschen Musik" (das heißt der dialektisch-vermittelnden, „hegelianischen" Formgebung) gebrochen hat, sondern der das von Perfektion und Erstarrung bedrohte europäische Musikdenken zu einem multikulturellen Bewußtsein hin geöffnet hat. Die in fast jedem der späteren Werke Messiaens auftauchenden chaotischen Felder von Vogelstimmen prallen in der Spontaneität des Hier und Jetzt, in der nicht hinterfragbaren komplexen Vielheit der Erscheinungen auf die langen Flächen seiner linear fortschreitenden und zu wunderbaren Klängen geordneten Strukturen: sein gesamtes Werk der zweiten Lebenshälfte hat Haiku-Charakter.

In den letzten Werken Messiaens wird die Konstellation der verschiedenen formbildenden Gestalten immer mehr zu einer Polarität von Vogelstimmenfeldern und extrem langsamen, sich immer weiter dehnenden Klangflächen. Dabei ist es aufschlußreich zu beobachten, wie verschieden sich diese beiden Formtypen aufbauen: die Vogelstimmen durch kleine kompositorische Zellen, die sich ständig erweitern und verwandeln, und die durch Hinzutreten anderer Zelltypen allmählich ein immer größeres Repertoire von Zeichen entwickeln; die „langen Flächen" durch Präsentation eines gleichbleibenden Klangmaterials, fast ohne Zuwachs an „Information", das durch häufige Wiederholung des Gleichen, etwa in veränderter Farbregion, den Hörer allmählich dazu bringt, immer längere Zeitstrecken als Zusammenhang, als „Phrase" zu überschauen. Diese linear gebauten, fortschreitenden Teile verlieren im Spätwerk Messiaens zunehmend ihren früheren „anorganischen" Charakter, werden aber auch nicht im gleichen Sinn zum Bild des biologischen Wachstums, wie es die Vogelstimmenteile sind. Man muß hier von einem kontemplativen Zustand, von der musikalischen Darstellung eines geistigen „Schauens" sprechen. Sigmund Freud hat einmal den für Musiker interessanten Satz gesagt: „Wir sind so eingerichtet, daß wir nur den Kontrast intensiv genießen können, den Zustand nur sehr wenig." Nach dem Hören Messiaenscher Musik möchte man Freud korrigieren und sagen, daß wir zwar den Genuß von „Zustand" erst lernen müssen; daß aber, wenn wir das getan haben, auch der Genuß der Kontraste sich noch steigert.

So scheinen sich die beiden tragenden Pole der Messiaenschen Musik im Spätwerk gegenseitig hervorzubringen und zu balancieren. „Seine Geistesverfassung auf kontemplativer Höhe haltend, wendet sich der Dichter dem Profanen der Erfahrungswirklichkeit zu". So beschrieb der große Haiku-Dichter Basho die Arbeit des Dichtens. Etwa ein Jahr vor seinem Tod sprach ich Messiaen auf den Kontrast zwischen den überschnellen Pulsen seiner Vogel-Musiken und den, für die Interpreten ähnlich schwer zu realisierenden, extrem langsamen Metronom-Angaben seiner „unendlichen Flächen" an. „Ja, ich weiß, die Leute beschweren sich darüber, daß ich das menschliche Maß überschreite, aber ich komponiere vielleicht gar nicht für Menschen sondern für Engel."

Sind die Vogelstimmen die Chiffre für Natur und die „langen Flächen" die Chiffre für Geist, so weist Messiaen durch die unvermittelte Dualität der Darstellung auf die Identität von Natur und Geist; diese ist musikalisch erlebbar in der so entstehenden „aufgehobenen Zeit".

John Cage und das Zen

I.

Cage war mit viel Humor gesegnet, trotzdem war er einer der ernsthaftesten Musiker, die ich kennengelernt habe. Ein „Prophet", wie manche meinen, war er jedoch nicht; er hatte kein „Gesetz", keine Botschaft zu verkünden – es sei denn die Botschaft der Freiheit von allen Gesetzen. Diese Botschaft ist nichts als die furchtlose Bestandsaufnahme unserer geistigen Situation. Denn unsere Freiheit ist etwas Schreckliches; sie bedeutet, daß wir keinen Boden mehr unter den Füßen haben, wenn wir heute Kunst machen; daß keine Tradition, keine konstruktive Logik mehr einen Anspruch auf allgemeine Verbindlichkeit erheben und uns in unserer Arbeit tragfähige Fundamente zur Verfügung stellen können. Eine entgrenzte Welt, ein unaufhaltsames Sich-Vermischen der Zeichensysteme aller Kulturen – das bedeutet diese Freiheit, deren Rückseite die Sprachlosigkeit ist. Cage hat diese Situation schon in den fünfziger Jahren klar gesehen und aus dieser Sicht heraus eine Kunst konzipiert, die nach dem Verblassen der bisherigen Sinn- und Ordnungsvorstellungen so etwas wie eine Wegweiserfunktion in die Zukunft haben könnte. Und seit eben dieser Zeit machen viele Künstler die seltsamsten Bocksprünge, um dieser von Cage erkannten Konsequenz zu entfliehen: man erfindet perfekte autonome Ordnungssysteme, oder man stilisiert sich zum einzigartigen, über den Gesetzen schwebenden Super-Genie. Doch jetzt, am Ende des Jahrhunderts, läßt sich auf keine Weise die unangenehme Wahrheit mehr verdrängen, daß es heute weder ein allgemein gültiges System noch daß es „Genies" geben kann, die sich durch individuelle Kraft von ihm abheben.

Cage war schon immer ein Postmoderner, wenn man unter „postmodern" einmal nicht nostalgisch-restaurative Türmchen und Balkone sondern jene vollendete Ortlosigkeit versteht, die mit Notwendigkeit am Ende des Prozesses der Avantgarde steht. Und auch den Wächtern dieser guten alten Avantgarde, die so lange hegelianisch die Zähne fletschten, über die rechte Zucht und Ordnung des historischen Fortschritts wachten und angebliche Nachzügler gerne in die Waden bissen, sind aufgrund des gleichen historischen Prozesses längst die Zähne ausgefallen. Cage dachte nicht dialektisch sondern in den Paradoxen des Zen. Jedes Wort und jede Note, die er geschrieben hat, sind inspiriert vom Zen; seine gütige, weitherzige, friedliebende, jedem Doktrinären abholde Persönlichkeit war bis ins Mark geprägt von diesem geistigen Lebensraum. Deswegen gehen auch alle Versuche, Cage als Dadaisten oder als einen in Paradoxien verliebten Clown zu interpretieren, ins Leere.

Etwas einschränkend muß man feststellen, daß Cage von „Suzuki-Zen" geprägt war. Als einer unter vielen amerikanischen Intellektuellen wurde er durch jene Vorlesungen tief beeinflußt, welche D. T. Suzuki in den vierziger Jahren an amerikanischen Universitäten hielt; eine akademische Vermittlung also, die eine Zeitlang zur intellektuellen Mode wurde. Für Cage aber war Zen niemals eine Mode; er machte die unerbittliche Paradoxie des Zen zur Grundlage seiner Kunst wie seiner Lebensführung. Nur wenn man die Zen-Literatur und die chinesischen Klassiker genau kennt, kann man nachvollziehen oder gar kritisch betrachten, was Cage eigentlich tat. Die bisherige Cage-Rezeption war oft vor allem deswegen so hilflos, weil ihr diese Kenntnis fehlte. Wenn man die Grundlagen des Zen, die Vorstellung von

von „Leere" beziehungsweise „Nichts" mit europäischem Nihilismus gleichsetzt, wenn man das – von Cage in direkte kompositorische Strategien umgedachte – Prinzip der „Selbstlosigkeit" mit Ich-Schwäche verwechselt, dann hat man keine Chance, Cage zu verstehen. Cage erblickte im Zen-Buddhismus einen (oder den) Weg, sich im entstandenen Chaos weiterzubewegen. Zen ist radikaler als alle westlichen aufklärerischen und revolutionären Ansätze: es setzt Sprache, Logik, ja jede Art von Ordnungssystemen gleich mit dem Ego des Menschen und der daraus entspringenden gesellschaftlichen Machtausübung. Hieraus entwickelte Cage (und diese seine Umdeutung muß auch kritisierbar bleiben!) nicht nur seine etwas oberflächlich als Anarchismus bezeichnete Vorstellung einer idealen Gesellschaft, sondern auch seine Einstellung zu Sprache und Musik (Stichwort: „Entmilitarisierung der Sprache"). Wenn die Zukunft der Menschheit in einer konsequent geübten Selbstlosigkeit liegt, dann können – nach Cage – alle Ordnungssysteme der Sprache und der Künste nur ebenso vorläufig und letztlich überflüssig sein wie die gesellschaftlichen Machtstrukturen.

II.

Cage lehrt uns einen neuen Umgang mit allem objekthaft Sedimentierten in der Musik – sei es das, was wir „geschichtliche Quellen" nennen, sei es der geschriebene Notentext überhaupt, sei es auf Tonträgern gespeicherte Musik. All dies wird nicht als festgeschriebener „Wert" behandelt, den es möglichst getreu zu reproduzieren gilt, sondern als „objet trouvé", das von der aktuellen Gegenwart, das heißt vom Moment der Aufführung her, neu gedeutet, beziehungsweise in einen veränderten Kontext gestellt wird. Dabei wird auch das auf diese Weise Entstandene wiederum nicht als geheiligter neuer Text betrachtet; vielmehr will Cage die musikalische Überlieferung radikal als einen sich permanent erneuernden Prozeß verstehen. Der Hörer hat deswegen keine Gelegenheit, sich auf stabile strukturelle Zusammenhänge einzustellen. Als Quintessenz eines Hörens, das sich bewußt auf Cage einlassen will, bleibt also die dauernde „Aufmerksamkeit". Diese ist zwar auch die Voraussetzung für das Hören traditioneller Musik; Cage läßt uns aber den Horizont des Hörens insofern neu erleben, als dieser undeterminiert von künstlerischen Vorentscheidungen (wie aesthetische Konstanten, formale Zusammenhänge, genaue zeitliche Folge und Zusammentreffen von Einzelereignissen etc.) gedacht wird. Statt einer definierten Form erscheint der offene Horizont des „Nichts" beziehungsweise des „Noch-nicht".

Das Fehlen jeglicher Vorgabe aesthetischer Vorentscheidungen ist inzwischen zum allgemeinen Horizont von Komponieren in unserer multikulturellen Welt geworden. Die gleichzeitige Präsenz vieler, sich logisch ausschließender musikalischer Systeme bedeutet in letzter Konsequenz die Auslöschung von deren selbstverständlicher (und so vom Instinkt erfaßbaren) Verfügbarkeit. In diese Situation übt uns die Cagesche Musik ein.

Betrachtet man alle Cage-Werke im Überblick, so kann man sich die Frage stellen: Gibt es in ihnen nicht doch etwas Konstantes? In der Tat findet man eine immer wiederkehrende, sehr individuelle Einstellung zur musikalischen Zeit, die von den frühesten bis zu den spätesten Werken zu beobachten ist: Zeit wird bei Cage statisch erfahren, völlig „entdramatisiert"; sie wird „räumlich" (im übertragenen Sinn) erlebt, zerschnitten, gequantelt – so sehr, daß etwas wie eine zeitliche Entwicklung von „Gestalt" nicht mehr stattfinden kann; man hat das Gefühl, daß die Musik die Richtung der Zeitachse aufgegeben hat. Hört man auf, die Cage'schen Konzepte lediglich als formale Spiele mit dem

Absurden zu betrachten und liefert sich als empfindender Musiker mit ungeteiltem Bewußtsein dem Erleben solcher Zeitorganisation aus, so wird man eine „Zeit" erfahren, die sich radikal von allen bisherigen musikalischen Zeitgestaltungen unterscheidet.

Die Frage stellt sich jetzt: ist das (noch) *musikalische* Zeit? – Ich bin bereit zuzugeben, daß jeder „typische Musiker", jeder aus Begabung und Empfindung „musikalische" Mensch gerade den dynamischen, „werdenden", dramatischen und damit fundamental auf Zeit bezogenen Aspekt von Musik in sich ausbildet, und daß alle bekannte Musik mehr oder weniger dieser Regel gehorcht. Aber Cage zeigt uns nun einmal gerade den entgegengesetzten Aspekt. Warum soll man nicht auch diesen mit ihm erforschen? Als Erfahrung eines Grenzbereiches erweitert er den Umfang unseres eigenen musikalischen Erlebens.

Was wird erlebt? Um die Eigentümlichkeit der Cageschen gegenüber jeder anderen Musik zu beschreiben, ist man versucht, die Terminologie der modernen Physik zu benutzen. Da wird der Übergang einer höherwertigen Energieform in eine niederwertige als „Dissipation" bezeichnet. Dissipative Vorgänge führen zu Nivellierung, zu Auflösung: zur „Entropie". Wenn das Erleben der Musik im bisherigen Sinn das Erleben von Gestaltbildung in der Zeit ist, darf man es als dissipative Struktur bezeichnen; das Erleben der Musik Cages wäre dann das Erleben von Entropie. Die musikalische Zeit wird sozusagen „von hinten", von ihrem Endpunkt her, aufgerollt. Bei den „Number Pieces" etwa erlebt der aufmerksame Hörer ein klar definiertes Zeichenrepertoire, dessen zeitliche Erscheinung aber „zufällig", das heißt nicht nur „bei jeder Aufführung anders" sondern überhaupt ohne die Stringenz musikalischer Logik ist. Gelingt es dem Hörer, sein Bewußtsein auf diese seltsame Zeitgestalt einzustellen, so verschwindet die – zunächst ganz natürliche – „Langeweile-Reaktion" und weicht einer wachsenden Empfindung von überraschtem Staunen, die allerdings kaum jemals gleichmäßig fließt, sondern zwischen Maxima und Minima „flutet".

Diese so als Musik realisierte „Entropie" wird niemals Ziel oder Ausgangspunkt künftiger Musik sein. Hier muß man Cage beim Wort nehmen: er will keine affirmierende Bindung an die Vergangenheit; er will auch – im Gegensatz etwa zu Stockhausen – keine zum eigenen Werk stiften. Die Cage'sche Entropie ist Durchgang durch einen Grenzpunkt – in meinem Buch „Happy New Ears", das Cage gewidmet ist, habe ich von einem musikalischen Nullpunkt gesprochen. Dieser befindet sich aber nicht außerhalb der Geschichte; er bezeichnet vielmehr eine Erfahrung, die im 20. Jahrhundert einmal gemacht werden *mußte*, und die – wie immer mißverstanden, fehlinterpretiert und verdrängt – nicht vergeßbar ist. Jede die Linie der Neuen Musik fortsetzende Komposition wird in Zukunft zwar nicht von den individuellen Werken Cages, wohl aber von der mit diesen verbundenen Grenzerfahrung ausgehen müssen, wenn sie einmal erreichtes Bewußtsein nicht wieder preisgeben will.

Das Hören der Musik Cages kann niemals als „strukturelles Hören" bezeichnet werden. Ich mußte einmal in einer öffentlichen Diskussion Heinz-Klaus Metzger widersprechen, der die These vertrat, der späte Nono und der alte Cage hätten sich einander so stark angenähert, daß man für beide die gleiche Art „strukturellen Hörens" brauche. Es scheint mir vielmehr, daß in den späten Werken von Nono und Cage die beiden Pole des Musikhörens als extreme Gegensätze ausgeprägt sind: der Entropie Cages begegnet in Nono die Essenz strukturell-gerichteter und damit subjektiv verantworteter, expressiver Musik (Lachenmann spricht sogar von dem „Pathos" Nonos). Strukturelles Hören will den formschaffenden, sinngebenden Prozeß, den der Komponist in seiner Zeitkomposition angelegt hat, dechiffrieren, mitvollziehen und vollenden. Ein solcher Prozeß ist bei Cage kompositorisch vermieden. Wollen wir uns in *seine* Zeit hineinversetzen, müssen wir uns in die unbeschränkte Offenheit des Hörens begeben und alles mit geduldigem Erstaunen annehmen, was auf uns zukommt. – Ich persönlich bin von einer Mystifizierung oder Glorifizierung dieses Erlebens weit entfernt, aber „Etwas" ist es schon – und dieses „Etwas" hat mein Bewußtsein als Musiker verändert.

Cage gehört in die Reihe derer, welche die eingefahrenen Gewohnheiten unserer Kultur attackieren, um so die Chance einer Bewußtwerdung dieser Gewohnheiten und damit ihrer Überwindung zu eröffnen. Bewußtwerdung heißt Ablösung von der instinktiven Einbettung in eine noch so große Kultur und deren Formen – daher auch der „multimediale", grenzüberschreitende Aspekt bei Cage, den er mit Surrealismus und Happening teilt. Im Stadium der Undeterminiertheit neigen alle Künste dazu, ihre Grenzen zu verwischen. Aber was provoziert dieser Aspekt? Untergang des Abendlandes, Ulk oder Dämonie? Er provoziert die Frage nach dem Geist. Und hier sind alle Traditionalisten genauso geneigt, zu passen und sich in das Schneckenhaus ihrer Gewohnheiten zurückzuziehen wie die Anarchisten und Berufsrevoluzzer. Man muß *nicht* in eine weltanschauliche Diskussion übergehen, um festzustellen: Cage stellt auf seine Weise radikal folgende Fragen: Was ist Wahrnehmung? Was ist es, was man hört? Wer ist es, der da hört? Wo ist Subjekt, wo ist Objekt? Was wird wie tradiert?

III.

Vielleicht nirgendwo im Gesamtwerk John Cages kommen seine wichtigsten Ideen so klar zur klanglichen Erscheinung wie in den sogenannten „Number Pieces". Musik ist hier nichts als sie selbst. Man möchte sagen, Cage habe die

Grundlagen der Musik neu entdeckt; aber das kann zu Mißverständnissen führen, denn man denkt dann vielleicht an
Folklore, an Pädagogisches, Kindliches oder Magisches. Mit
all dem hat Cages Musik natürlich ebenso wenig zu tun wie
mit den artifiziellen Ausprägungen der Tradition. Klang ist
einfach das, was gerade klingt, ohne besondere Hierarchien
von Beziehungen. Zeit ist unvorhersehbares Sich-Folgen
oder Zusammentreffen von Ereignissen, die sich spontan
verknüpfen oder nicht verknüpfen.

Dabei gibt es schon eine gewisse individuelle Ausprägung
der Nummernstücke, je nach den ganz verschiedenen „Pro-
grammationen": welche Instrumente vorgeschrieben sind,
welche Gesamtdauer, welche dynamischen Werte, relati-
ven Längen und Kürzen der Noten etc. Diese Eigenheit ist
aber nicht perfekt – das heißt abgeschlossen –, sondern sie
realisiert sich erst ganz durch die Aktion der lebendigen
Musiker. Der alte, nie vollständig aufzuklärende Zwiespalt
von Notentext und Ausführung tritt zumindest in ein ganz
neues Stadium, denn jeder Buchstabe des Textes muß erst
von den Interpreten zu Ende geschrieben werden.

Cages Musik ist nicht „organisch". Eine organische Musik muß alle Einzelelemente nach bestimmten Kettensyste-
men zu funktionstragenden Organen zusammenfügen, damit sich eine bestimmte Form, ein bestimmter Ablauf, eine
Entwicklung, Steigerung, Vollendung in schöner Proportion
ergibt. Cages Musik dagegen ist wie ein Haufen Steine. Aber
Steine haben ihre eigene Schönheit, und die Zen-Kultur, der
Cage soviel verdankt, hat in ihren Steingärten das richtige
Anschauen von Steinen geübt: so – und nicht anders – bin
ich; so – und nicht anders – ist die Wirklichkeit.

Es gibt leise und laute Ekstasen, nüchterne und be-
rauschte Liebe. Cage steht auf der Seite der Nüchternen,
aber seine Ekstase ist nicht weniger tief als etwa die seines
großen Antipoden Messiaen, der scheinbar in allen Aspekten einen komplementären Gegensatz zu ihm bildet, in der

Grundeinstellung aber mit Cage harmoniert. Cage hat in gewissem Sinne das Wunder vollbracht, eine „ich-freie" Musik zu schreiben. Würde man das jedoch als Rezept oder gar als Forderung für alle in Zukunft entstehende Musik aufstellen, so würde man dem Geiste Cages in törichter Weise entgegenarbeiten, denn das würde schließlich bedeuten, aus seinem Denken eine Ideologie zu machen und diese zu einer Zwangsverordnung für die Nachgeborenen.

„Ich-Freiheit" ist das Ergebnis eines langen psychischen Prozesses, und bevor dieser nicht durchlaufen ist, bleibt es, etwa für einen jungen Musiker, völlig natürlich, konstruktive oder expressive Vorstellungen von Musik zu entwickkeln. Und auch nach Erreichung von so etwas wie „Ich-Freiheit" kann es nicht angehen, epigonal Cagesche Methoden zu übernehmen. Jeder muß selbst herausfinden, wo er sich im neugewonnenen freien Raum bewegt. In diesem Zusammenhang wird auch Zen leicht fehlinterpretiert. Für die große Zen-Tradition geht es ja gar nicht darum, sich etwa ein für allemal im „Nichts" anzusiedeln und – auf welchem Gebiet auch immer – die reine Negativität darzustellen. „Samsara sive nirvana": unsere alltägliche, aus unendlich vielen Täuschungen bestehende Wirklichkeit muß als „nicht-unterschieden" von der verborgenen, nicht in Worten formulierbaren Wahrheit des Geistigen begriffen werden. Ein freier Wechsel, eine Vibrationsbewegung zwischen alltäglicher und „geistlicher" Welt ist das Ziel. Musikalisch würde das heißen, daß sich eine wahrhaft freigewordene Komponierweise in aller Unbefangenheit auch des ganzen Reichtums an Farben, Formen und Ausdrucksformen der Vergangenheit bedienen könnte, mit dem Unterschied, daß sie der Tradition nicht verhaftet wäre – oder diese gar nostalgisch ausschlachtete – sondern sie geradezu als Illusion erlebbar machte.

Wie ein Komponist so etwas zustande bringen könnte, ist eine immer offene und nur individuell zu beantwortende

Frage. Auch die Methoden Cages, den Fallstricken des aesthetisch wertenden Ich zu entkommen, sind als – vom gleichen Ich gesetzte – austauschbare Methoden zu durchschauen. Der I-Ging-Zufallsgenerator hat schon so etwas wie eine Generalbaßfunktion bei Cage; er ersetzt nicht eine Ordnung durch eine Nichtordnung, sondern ist selbst eine veränderte Erscheinungsform von Ordnung. Daß die Ausschaltung des linearen Zusammenhanges der musikalischen Ereignisse nicht die Auslöschung des Gedächtnisses sondern vielmehr die Etablierung einer neuen Qualität von Gedächtnis hervorbringt, hat Stephan Schädler in einem brillanten Essay gezeigt. Und die Affektfreiheit der Werke Cages bedeutet trotz allem auch die Realisierung eines Affektes: des Affektes der vollkommenen Ruhe. Das ist kein paradoxes Gedankenspiel; Cage selbst berichtet, daß in der klassischen indischen Musikanschauung der Ruhe die zentrale Position inmitten der „neun Emotionen" zukommt. Diese „Ruhe" bildet eine Vorstufe jenes „Denkens des Nichtdenkens", das Zen anstrebt. Aus diesem Quellgrund des Bewußtseins entspringt alle Wahrnehmung und produktive Sinngebung; hier ereignet sich normale Wahrnehmung der Welt und künstlerische Wahrnehmung als ein- und dasselbe. Diese Art von Hören will Cage uns lehren. Sie nimmt jedes beliebige Signal produktiv auf – nicht nur das vom Künstler vorgeformte Zeichen. Derartiges Hören kann dann durch die Erfahrung des eigenen produktiven, das heißt Zusammenhang-setzenden Hörprozesses – und nicht allein durch irgendwelche vom Künstler vor-gesetzten Zusammenhänge innerhalb eines Kunstwerks! – den tiefsten Grund für die Existenz von Zusammenhang, Sinn und Ordnung in sich selbst entdecken. Diese Erfahrungsebene wird in der Tradition des Zen mit „Leere" bezeichnet. „Kunst" wäre dann die Wieder-Zusammenfügung dieser Erfahrungsebene mit künstlerischen Zeichen. Bei Cage funktioniert also die „gegenstrebige Fügung" zwischen den beiden Polen

„künstlerische Setzung" und „zufälliges Sich-Ereignen-
und-Zusammentreffen-im-Jetzt".

Cage gelingt es – und besonders eindrucksvoll in den
„Number Pieces" –, die „Leere" tatsächlich nicht nur als
Idee vor unserem denkenden Bewußtsein sondern auch als
wirksame Kraft vor unserer erlebenden Seele erscheinen zu
lassen. Deswegen schreibt er geistliche Musik und ist ein
religiöser Komponist wie Messiaen. Aber Kunst ist niemals
Mystik; setzt man beides gleich, so weiß man nicht, wovon
man redet.

Also bei aller Verehrung bitte keine Heiligsprechung Cages! Er ist dazu da, uns die Freiheit zu lehren. Einer der
Gründerväter des Zen wurde vom chinesischen Kaiser nach
dem Wesen des Zen gefragt und antwortete: „Offene Weite.
Nichts von heilig!"

Vermutungen über Scelsi

Zu den seltsamsten Vermutungen über Scelsi gehört, seine Wirkung sei von den Musikologen herbeigeredet worden. Ohne die großartigen und außerordentlich verdienstvollen Arbeiten einiger Wissenschaftler, insbesondere die von Heinz-Klaus Metzger und Harry Halbreich, im geringsten herabsetzen zu wollen, muß doch klar ausgesprochen werden, daß die Wirkung der Scelsischen Musik durch intellektuelle Präformation von Hörern nicht erklärbar ist – ebensowenig wie durch die Leistung der Musiker und Dirigenten, welche sie aufführten. Selbstverständlich sind Wirkung und Erfolg keine Kriterien für Qualität; man muß aber festhalten, daß die Musik Scelsis keinerlei „nostalgische" Züge trägt, und dem Hörer weder durch affektive Muster noch durch stilistische Beziehungen zu früherer Musik Brücken baut; ganz im Gegenteil: der Hörer kann sie mit nichts vergleichen, was ihm an traditioneller oder zeitgenössischer Musik schon begegnet ist.

Unsere Frage soll ganz einfach lauten: Was ist es, das bei Scelsi „wirkt"? Dazu will ich drei Vermutungen aussprechen.

Erste Vermutung: *Scelsi hat auf radikale Weise ein Konzept „intuitiver Musik" realisiert.*

Ich lernte Scelsi 1963 kennen; schon im ersten Gespräch beschrieb er mir seine Arbeitsweise, auf Spezialinstrumenten improvisierend seine Konzepte festzuhalten und sie dann – von anderen – schriftlich fixieren zu lassen. Keine

Rede also von Geheimniskrämerei: Jeder, der sich überhaupt für Scelsi interessierte (und das war damals fast niemand), wußte über diese Arbeitsweise Bescheid, die mich sofort an die „blitzartige" Malweise bestimmter Tachisten beziehungsweise Maler des *Informel* erinnerte. In der Tat gibt es für den Komponisten keine andere Möglichkeit, seine Ideen *unmittelbar* zu realisieren, als in einem besonders geladenen Augenblick auf einem Instrument zu improvisieren. Selbst die schnellste schriftliche Aufzeichnung kann niemals in *real time* stattfinden. Die hunderttausend Zeichen der Schrift müssen zwischengeschaltet werden: eine Art der rhythmischen Notation muß unter vielen gleichwertigen ausgewählt werden, Tonsystem, Intervalle, Klangfarben, dynamische Werte etc. festgelegt werden – es gibt kein unmittelbares schriftliches Komponieren. Scelsi entschied sich ganz bewußt dafür, seine Konzepte in inspirierten Momenten zu kreieren und *dann nicht mehr anzutasten.* Hätte er die Partituren selbst ausgeschrieben, wäre der geistige Prozeß in ihm selbst ganz anders verlaufen: seine Konzepte hätten sich auf ganz natürliche Weise weiterentwickelt und differenziert. Mit dieser Entscheidung hat Scelsi nicht nur sein eigenes Komponieren definiert, nämlich als unabhängig vom quantifizierenden Denken eines bewußt konstruierenden Kompositionsprozesses; er hat auch die Niederschrift der Komposition neu definiert, nämlich als *Teil der Interpretation.* Nicht nur der ausführende Musiker ist Interpret, auch der, welcher die Partitur schreibt, ist es, und Scelsi nahm – das sprach er damals mir gegenüber klar aus – die Musiker und Dirigenten seiner Werke wenn möglich noch strenger als andere Komponisten in die Pflicht, hinter den geschriebenen Buchstaben den Geist seines Werkes zu suchen.

Dieses Konzept von intuitiver Musik scheint mir radikaler und „richtiger" als vergleichbare Konzepte, die damals im Umlauf waren. Bürdeten diese den Vorgang des Improvisierens den Interpreten auf, indem sie eine Ideologie von der „Freiheit der Interpreten" entwickelten und den Musikern zu bestimmten Zeitpunkten inspirierte Improvisation anbefahlen, so war Scelsi der Meinung, daß der Komponist nur sich selbst so etwas abverlangen dürfe. Das so Entstandene mußte dann allerdings auch, ohne Rücksicht auf die Gepflogenheiten der Zunft, in seinem Sondercharakter bewahrt werden; daher der provozierende Verzicht darauf, selbst zu schreiben.

Daß hier das traditionelle Verständnis von Komposition im Nerv getroffen wurde, ist klar; auch ist verständlich, daß in Italien, wo der Akademismus womöglich noch ausgeprägter als in Frankreich war und ist – und zwar unabhängig davon, ob seine Träger „moderne" oder „reaktionäre" Positionen beziehen –, ein Mann wie Scelsi nicht nur zum Außenseiter, sondern zum *vecchio dilettante* erklärt werden mußte.

Bei Konflikten dieser Art geht es nur vordergründig um die Frage der kompositorischen Technik; dahinter steht der Zusammenprall zweier Arten von kompositorischem Selbstverständnis: Hier der Fachmann, der in einem kontrollierbaren Prozeß und unter Entwicklung einer spezifischen Virtuosität im Bauen feinster Netze und kombinatorischer Mechanismen Partituren schreibt, die für bestimmte gesellschaftliche Gelegenheiten (und ist ein Musica-viva-Konzert oder ein IGNM-Fest schließlich etwas anderes?) konzipiert werden – und dort der Outsider, der eine völlig andere Art von Musik entwickelt, deren „Botschaft" in die bestehenden Verhältnisse nicht oder fast nicht hineinpaßt. Ich gestehe, daß auch ich selbst heute noch die Arbeitsweise Scelsis als für mich persönlich inakzeptabel empfinde; aber die Kraft seiner Werke zwingt mich, ein Verständnis für diese Arbeitsweise zu entwickeln, da sie offenbar der einzige Weg war, sein imposantes Lebenswerk entstehen zu lassen. Auch muß man sehen, daß in der kompromißlosen Haltung

Scelsis etwas vom Geist der großen Väter der Avantgarde, vom Geist Ives', Schönbergs, Varèses weiterlebte.

Daß ein Musiker wie Vieri Tosatti, dem Scelsi die Ausschrift der meisten seiner Werke anvertraute, ganz offenbar den „Geist" dieser Musik bis heute nicht aufgenommen hat und trotzdem zur Zufriedenheit Scelsis arbeitete, kann nur den verwundern, der nicht schon oft erfahren hat, daß zum Beispiel die Aufführung eines neuen Orchesterwerkes auch dann eine Chance hat, gut zu werden, wenn ein Großteil der Musiker die betreffende Musik nicht versteht oder sogar ablehnt – vorausgesetzt, es ist richtig und genügend geprobt worden, und die Musiker haben ein ausreichendes Können in ihrem Metier. Daß Tosatti ein gutes Metier hat, zeigen die Partituren; daß er an dem Konzept der Werke keinerlei Anteil (im Sinne von mitschöpferischer Tätigkeit) haben kann, hat er selbst mit wünschenwerter Klarheit zu Protokoll gegeben: ... *so per certo que il suo valore (della produzione Scelsiana) è nullo. (Ich bin mir sicher, daß Scelsis Werk keinerlei Wert hat.)* Wie oft kann man ähnliche Aussprüche bei Aufführungen der größten Meisterwerke unseres Jahrhunderts von Orchestermusikern hören, die dann doch im Augenblick der Aufführung hervorragende Leistungen erbringen.

Zweite Vermutung: *Die Musik Scelsis bewegt sich in größeren Zeiteinheiten als die meisten uns vertrauten Musiken.*

Die Frage nach der kombinatorischen Logik bei Scelsi, nach dem, was die Franzosen *écriture* nennen, stellt sich einem Musiker gerade dann, wenn er den starken Zusammenhang, den „Sog" dieser Musik empfindet. Zur Erklärung der Einheitlichkeit der Musik Scelsis wird meistens auf eine Eigenheit seiner Arbeitsweise hingewiesen: einen ganzen Abschnitt beziehungsweise einen ganzen Satz mit nur einer Tonhöhe zu bestreiten. Abgesehen davon, daß viele Werke auch des späteren Scelsi nicht ausschließlich auf diese Weise konzipiert sind, haben auch eine Reihe anderer Komponisten Werke unter Verwendung nur einer einzigen Tonhöhe geschrieben – man denke nur an Bernd Alois Zimmermanns „Stille und Umkehr"; aber dieses Stück hat, trotz technischer Verwandtschaft, eine völlig andere Wirkung auf den Hörer. Hingegen scheint mir das, was Scelsi von anderen Komponisten unterscheidet, in seinem Umgang mit der Zeit zu liegen. Wir sind gewohnt, unsere Analysen auf Zeiträume zu konzentrieren, welche in Sekunden gemessen werden; wendet man dieses Denken auf eine Partitur Scelsis an, ist das Ergebnis tatsächlich recht mager. Nun zeigt aber die Erfahrung des Interpreten, daß man sich Scelsi erst zu nähern beginnt, wenn man in viel größeren Zeitstrecken denkt – etwa in Minutenwerten statt in Sekunden. Seine Musik hat eine andere Beziehung zu unserem Wahrnehmungsapparat als sonstige Musik – insbesondere zum Kurzzeitgedächtnis. Die Hirnforschung unterscheidet ja Hirnwellen von ganz verschiedener Geschwindigkeit; und mir ist nicht bekannt, daß jemand schon einmal ernsthaft über die Beziehung kompositorischer Techniken (unter spezieller Herausarbeitung des Faktors Zeit) zu den verschiedenen Wellenformen der Gehirnaktivität nachgedacht hat. Auf jeden Fall haben wir uns gerade in der Neuen Musik an immer schnellere Bewußtseinstätigkeit gewöhnt, während Scelsi im Gegensatz dazu am anderen Ende der Wahrnehmungsskala arbeitet: er scheint so etwas wie „Theta-Wellen" (die langsamsten bekannten Hirnwellen) zu komponieren. Will man vor der Aufgabe, Scelsis Musik zu beschreiben, nicht kapitulieren, so müßte man sie mehr wie eine Landschaft und nicht wie eine Architektur schildern – so etwa, wie man eine „Phantasie" aus barocker oder klassisch-romantischer Zeit betrachtet. Ich möchte Kategorien wie „Vibration" und „Dehnung" vorschlagen, „Wirbel" und „Glättung", „Erhebung" und

„Vertiefung". Es ist seltsam, daß die Musik Scelsis zwar einheitlich aber keineswegs statisch wirkt.

Dritte Vermutung: *Scelsis Musik entspringt einer archaischen Konzeption von Kunst, die noch vor der Differenzierung der Einzelkünste angesiedelt ist.*

„*Sono poeta*" sagt Scelsi. Abgesehen davon, daß es auch ein dichterisches Werk Scelsis gibt – dessen Umfang und Rang ich nicht übersehen kann –, wollte er damit sagen, daß er auch als Musiker „Dichter" sei: sicher nicht im Sinne der „Tondichter" des 19. Jahrhunderts sondern im Sinne einer ganz allgemein poetischen Haltung. Seine „Botschaft" entspringt offenbar an einem Punkt, wo visuelle und akustische Vorstellungen noch nicht geschieden sind; wo das dichterische Wort traumhafter Ausdruck für Visionen ist. Deswegen darf man Scelsis „Botschaft" nicht mit scheinbar ähnlichen Vorstellungen von Künstlern verwechseln, welche darunter eine höchste Steigerung der Leistung des komponierenden Subjektes verstanden – nehmen wir Hans Pfitzner als Beispiel. Scelsis Botschaft ist ich-los, weil sie, psychologisch gesehen, einem Punkt entpringt, der *vor* der Differenzierung des modernen Ich liegt; weil seine Musik einem Einheitsbewußtsein entspricht, das man archaisch nennen muß. Und jetzt verstehen wir plötzlich besser, warum Scelsi keine Partituren schreiben wollte und keine Formen baute: Schrift und formale Logik sind an diesem Punkt der Entwicklung noch gar nicht „erfunden".

Was aber soll, so können wir jetzt fragen, diese Art von Wiederbelebung eines Primitivismus, der uns, den Erben einer großen geschichtlichen Entwicklung, als Dilettantismus erscheinen muß? Erledigt sich der Fall Scelsi nach diesen Vermutungen nicht noch klarer als vorher? Seien wir vorsichtig mit allzu schnellen Urteilen. Die Psychoanalyse kennt eine Heilung durch Anamnese, durch Integration vergessener früher Bewußtseinsinhalte in das helle Bewußtsein der Gegenwart. Vielleicht erfüllt Scelsis „Primitivismus" eine kompensatorische Funktion? Vielleicht ist die Erinnerung an ein sehr einfaches „ozeanisches" Empfinden ein notwendiges Äquivalent zu dem Höchtsmaß an Differenzierung und Reflexion, das wir entwickeln?

Wohlgemerkt, wir reden hier vom „späten" Scelsi, also von seinen Werken ab Mitte der fünfziger Jahre, soweit sie uns zugänglich sind. Seine früheren Werke sollen hier nicht in Betracht gezogen werden; die Nicht-Existenz einer wie auch immer gearteten Scelsi-Philologie macht es bisher ohnehin unmöglich, im üblichen Sinn analytisch und kritisch vorzugehen. Ein Experimentieren aber am Rand der Künste, das Überschreiten einer Kunst in Richtung auf eine andere, gehört nicht nur zum Erscheinungsbild der gesamten modernen Kunst, sondern war gerade auch in den fünfziger Jahren zum Thema geworden und nicht nur in der Musik; denken wir etwa daran, daß der Maler Yves Klein zur gleichen Zeit Musiker mietete, um von ihm komponierte „Symphonien" aufzuführen. Sie bestanden aus einem einzigen, endlos ausgehaltenen Klang.

Sucht man so etwas wie Affekte in Scelsis Musik, so wird man immer wieder einen starken Bann, eine deutliche Affizierung im Ganzen konstatieren müssen, die aber kaum im Sinne bestimmter Einzelaffekte benennbar ist. Alle Werke Scelsis, nicht nur die als „geistlich" ausdrücklich bezeichneten, werden von einer großen Ruhe getragen, welche gleichzeitig eine bestimmte Energie ausstrahlt; selbst ekstatische Steigerungen laufen nie aus dem Ruder. Sollte es so sein, daß in Scelsis Werk, mitten in unserer total säkularisierten Gesellschaft und mitten in einer fast nur noch das Affektive betonenden Traditionspflege und einer sehr stark vom Intellekt bestimmten professionellen Avantgarde, ein Musikkonzept in Umrissen erscheint, das die alten Musikkulturen beherrscht hat, und von dem wir heute allenfalls noch im Gregorianischen Choral, in der japanischen Hofmusik und im No-Theater einen Zipfel zu fassen bekommen? Die deutlich archaische Wirkung der Scelsischen Musik (die sich, das muß betont werden, ohne technische Anleihen bei historischen Vorbildern herstellt) wäre so ganz plausibel; eine Wirkung, die nur durch die vorher beschriebenen Arbeitsweisen Scelsis erzeugt werden konnte.

Der Kreis unserer Gedanken hat sich geschlossen. Inwieweit Scelsi, der wie ein Meteorit in unsere Kultur eingeschlagen ist, von dieser als Fremdkörper wieder abgestoßen oder von ihr assimiliert wird, mag die Zunkunft zeigen. Daß sich die Beschäftigung mit seinem noch weitgehend unerschlossenen Werk lohnt, scheint mir evident, auch wenn – oder gerade weil – sie uns zwingt, die Grundlagen unserer professionellen Arbeit wieder einmal neu zu durchdenken.

Helmut Lachenmann

Die zunehmende Faszination, welche das Werk Helmut Lachenmanns ausstrahlt, hängt mit drei Eigenschaften zusammen, die in seiner Person eine seltene Verbindung eingegangen sind: innovative Kraft, brillante Intellektualität und existentielle Unbedingtheit.

Die Herausfilterung ganzer Skalen von Geräuschklängen aus der instrumentalen Aktion – „instrumentale musique concrète" so nennt er es selbst – ist Lachenmanns ureigenste Schöpfung. Ohne Zuhilfenahme der Elektronik, welche doch von der ersten Komponistengeneration nach dem Krieg so stark akzentuiert wurde, gelang es ihm, mitten in der Welt der klar umrissenen, in Parametern beschreibbaren Klänge ein zweites, autonomes Reich von Schattenklängen zu etablieren – von Klängen, die weniger „sind" als dauernd entstehen und vergehen, deren labile Formen sich oft vom grundierenden Nichts des Klanges kaum abheben; die dieses schweigende Nichts an Klang aber zum Hörbewußtsein bringen, und zwar viel intensiver, als das die Cage-Schule schaffte. Durch diese neue Dimension des Klanges hat Lachenmann nicht nur die Spieltechnik fast aller gebräuchlichen Instrumente erweitert, er hat paradoxerweise auch den von ihm so oft kritisch reflektierten „aesthetischen Apparat" samt der ihm zugehörigen Vermittlungsformen erneuert.

Ich kann ein Lied davon singen, welche Arten des Widerstandes der „aesthetische Apparat" in den heroischen Zeiten der ersten Lachenmann-Aufführungen produzierte; die Intensität des Schocks zeigte die Tiefe der Tabuverletzung an, welche gerade den Orchestermusikern zugemutet wurde. Nichts konnte aber auf die Dauer die Einsicht verhindern, daß wir es hier mit der geschlossensten und reichsten Neukonzeption gerade von Orchestermusik zu tun haben, die das Jahrhundert hervorgebracht hat, und die Sinn und Form der dazugehörigen Institutionen tatsächlich neu begründet.

Hier wird etwas deutlich, das ich an anderer Stelle den konservativen Aspekt der Avantgarde genannt habe: In der Bewegung der radikalen Emanzipation von der klassischen Aesthetik, welche Lachenmann, zumindest was den klanglichen Aspekt angeht, auf die Spitze getrieben hat, setzt sich der Impuls eben dieser Aesthetik noch einmal fort, nämlich die des in sich geschlossenen, stilistisch einheitlichen Kunstwerkes. Synkretistisches Denken im Sinne Messiaens oder Zimmermannscher Pluralismus sind Lachenmann fremd; er hat tatsächlich noch einmal so etwas wie einen Personalstil entwickelt und erscheint auf der Linie Brahms-Schönberg-Nono als Nachfahre Beethovens. Er sucht die Neudefinition des komponierenden Subjektes nicht durch Konfrontation heterogenen Materials sondern durch Umdeutung des Sinnes der traditionellen Mittel. Dabei ist er sich der Tatsache bewußt, daß jede noch so anti-aesthetisch sich gebende Revolution der Mittel am Ende umschlägt in eine neudefinierte Aesthetik. Gegenüber einem konsequent hegelianischen, linearen Fortschrittsdenken besteht er auf der Differenz zwischen der individuellen und der allgemeinen Entwicklungsgeschichte, und hat – wie die immer unübersehbarer werdenden Neuansätze von Harmonik, ja von so etwas wie Bildhaftigkeit in seinen jüngeren Werken beweisen – seinen Epigonen und allen Schulmeistern niemals den Gefallen getan, sich auf ein Markenzeichen festlegen zu lassen; auch „Negativität", „Verweigerung", „Sprachlosigkeit" können ja zu ritualisierten Formen erstarren und zu verkaufsfördernden Gütesiegeln umgefälscht werden.

Hier liegt auch die Antwort auf eine Frage, die mir in letzter Zeit öfter gestellt worden ist: warum ich mich seit je so intensiv für einen Komponisten einsetze, der von der Grundeinstellung meiner eigenen Arbeiten so weit entfernt zu sein scheint. Lachenmann hat den Blick für andersartige, kompensierende, zum Fortschrittsgedanken querstehende Ausdrucksformen nie verloren; er ist, bei aller Strenge seines Denkens, nie – wie so mancher der großen „Erfolgreichen" – in die Pose einer Selbststilisierung oder in die Dogmatisierung der eigenen Position verfallen.

Weder starre Theorie noch Irrationalität der Praxis machen das Wesen der Lachenmannschen Musik aus sondern jene dritte der aristotelischen Kategorien, welche das Denken der Neuzeit vergessen hat, und die doch allein das Phänomen der Kunst beschreiben kann: die Poiesis. Wenn man die – schwer zu fassende – Lachenmannsche Kompositionstechnik betrachtet, entdeckt man einen vom Komponisten angezettelten permanenten Ringkampf zwischen bereitgestellten seriellen Mechanismen und Zufallsmanipulationen; der Autor definiert sich durch die Souveränität, mit der er in jedem einzelnen Moment die Entscheidung frei fällt. Es entscheidet das kompositorische Subjekt, aber dieses ist immer „mehr" als das Subjekt der neuzeitlichen Philosophie, da die Entscheidung nicht nur ein Akt des Bewußtseins sondern des ganzen Menschen ist – also auch die unbewußten Kräfte einbezieht. So entsteht Musik, die „mehr" ist als aesthetisches Objekt. Die Gewalt der Lachenmannschen Musik rührt von dieser Art der Entscheidungsfindung her, welche bei höchster Anspannung sowohl des kalkulierenden Verstandes wie der subjektiven Intensität doch aus der Tiefe des Existenzgrundes kommt. Eben das ist Poeisis; und eben das macht Lachenmann zu einem „kompletten" Künstler und unterscheidet ihn von den vielen, welche sich heute entweder auf die Seite eines technologisch gedachten Designs oder auf die eines vagen „Lebensgefühls" schlagen.

II.

Interpretation – Schrift – Komposition

Für Klaus Zehelein

I.

In unserer Musikkultur ist es zur Gewohnheit geworden, Musik als etwas zu betrachten, das von einem Komponisten in einer bestimmten Schrift notiert und von Interpreten in einer vokalen oder instrumentalen Aktion zur klingenden Darstellung gebracht wird. Dieser klingenden Darstellung begegnet dann der Hörer. In der allgemeinen Vorstellung wird bei dieser Arbeitsteilung dem Komponisten die Funktion des Schöpferischen zugesprochen; der Interpret hat die Aufgabe, die Notation des Komponisten zu entziffern und sie in einer spezialisierten Arbeitsweise, die den Zeichen der Partitur möglichst exakt folgt, in Klang umzusetzen. Dem Hörer bleibt eine nur passive Rolle: er empfängt das fertige Produkt und genießt es. Spätestens seit Beginn des 20. Jahrhunderts, dessen Musik solch passives Genießen kaum mehr erlaubt, beginnt man zu begreifen, daß dieses Modell nicht stimmt. Hören selbst wird als eine Handlung erkannt: es genügt nicht, die Klänge durch das Ohr aufzunehmen; der Hörer fühlt sich durch eben diese nicht „selbstverständlichen" Klänge zum aktiven Prozeß des Verstehens, des Sinn-Gebens aufgerufen.

Der Hörer soll nicht im Mittelpunkt dieser Betrachtung stehen. Wir fragen hier nach den vielfältigen Beziehungen von komponiertem Text und Interpretation. Und da beobachten wir, daß sich die Rolle des Interpreten gegenüber der des immer mehr isoliert am Schreibtisch tätigen Erfinders von Klangstrukturen zu profilieren beginnt: er ahmt nicht nur die Modelle des Komponisten nach, sondern wird sich seiner mitschöpferischen Rolle bei der Entstehung des Phänomens Musik allmählich bewußt.

Am Anfang unserer Überlegungen müssen wir uns fragen, was überhaupt „Text" ist; diese Frage zwingt uns, zunächst einen Blick auf Literatur und Philosophie zu werfen, die ja seit sehr viel längerer Zeit als die Musik über Schrift verfügen. Das Verhältnis, das wir in unserer Musikkultur meist zum Notentext haben, speziell zu den Texten der Klassiker, ist vergleichbar mit dem Verhältnis des Mittelalters zu den kanonischen Texten der antiken Philosophen und Kirchenväter. Dieses war so ehrfurchtsvoll, daß in der Auslegung dieser Texte dem Vorgang der interpretierenden Mimesis lediglich der Rang einer „imitatio" zuerkannt wurde: einmal gültig formulierte Wahrheiten mußten ohne Veränderung überliefert werden. „Mimesis" ist ein vielfältig schillernder Begriff, den man allgemein mit „Darstellung" übersetzen kann. Daß die lateinische Antike ihn mit „imitatio" übersetzte, hat wohl das gesamte mittelalterliche Denken und danach die weitere europäische Geistesgeschichte geprägt. Für Literatur und Philosophie brachte die Renaissance eine deutliche Bewußtseinswende, etwa in der Reflexion des eigenschöpferischen Anteils bei der veränderten Rezeption der antiken Schriftsteller. Noch klarer wurde diese umschaffende Tätigkeit des Rezipienten von der Aufklärung verstanden. Für Gotthold Ephraim Lessing kommt das geschriebene Wort erst durch die körperliche Präsenz zu seiner vollständigen Gestalt, die es im zeitlichen und räumlichen Zusammenhang einer Theateraufführung beziehungsweise einer Rezitation erhält, und die der Sprachforscher Svenbro so schön „écriture vocale" genannt hat. Lessing schreibt in seiner Abhandlung „Laokoon oder über die Grenzen der Malerei und Poesie":

„Wenn es wahr ist, daß die Malerei zu ihren Nachahmungen ganz andere Mittel, oder Zeichen gebrauchet, als die Poesie; jene nämlich Figuren und Farben in dem Raume, diese aber artikulierte Töne in der Zeit; wenn unstreitig die Zeichen ein bequemes Verhältnis zu dem Bezeichneten haben müssen: so können nebeneinander geordnete Zeichen auch nur Gegenstände, die nebeneinander oder deren Teile nebeneinander existieren, aufeinander folgende Zeichen aber auch nur Gegenstände ausdrücken, die aufeinander oder deren Teile aufeinander folgen. Gegenstände, die nebeneinander oder deren Teile nebeneinander existieren, heißen Körper. Folglich sind Körper mit ihren sichtbaren Eigenschaften die eigentlichen Gegenstände der Malerei. Gegenstände, die aufeinander, oder deren Teile aufeinander folgen, heißen Handlungen. Folglich sind Handlungen der eigentliche Gegenstand der Poesie."

Lessing hat hier den zeitlichen Charakter von Poesie und Schrift neu entdeckt. Im geschriebenen Text ist Zeit gefroren; sie taut auf im Moment des Sprechens. Es ist nicht von einer fiktiven Zeit etwa im Text beschriebener Handlungsabläufe die Rede sondern vom essentiell zeitlichen Nacheinander der Zeichen, welche die Poesie als Zeitkunst – und wir fügen hinzu: ebenso die Musik als Zeitkunst – konstituiert. Es ist die reale Zeit, die das Kunstwerk zu seiner Erscheinung benötigt. Es ist auch die Zeit, die der Autor braucht, um seinen Text zu verfassen und niederzuschreiben. Es ist auch die Zeit, die der Rezipient aufwenden muß, um die nacheinander stehenden Zeichen der Schrift zu lesen und im Verstehen zu verknüpfen. Es ist unsere konkrete Lebenszeit.

In der Moderne erwacht die Mimesis zum vollen Bewußtsein ihrer selbst. Sie entdeckt die Souveränität ihrer Verfügung über historisches Material. Für Adorno ähnelt die Mimesis des Rezipienten der Spontaneität des Autors, und zwar dadurch, daß „diese Fähigkeit unwillkürlich, nicht mit dem bewußten Willen des je Einzelnen identisch sei". Die Arbeit des Künstlers wie seines Rezipienten ist nicht Nachahmung der äußeren (gegenständlichen) Natur; vielmehr ist sie der (ungegenständlichen) Produktivkraft der Natur ähnlich. Spontaneität und Mimesis sind sich verwandt durch ihre vor- beziehungsweise überrationalen Wurzeln; ohne Rationalität jedoch ist Kunst unmöglich. Aus der Mimesis würde, in der Sprache Adornos, die Mimikry, die blinde Nachahmung.

Für Jacques Derrida steht jeder Text in einem mimetischen Bezug zu früheren Texten. Ich zitiere eine Passage über Derrida aus dem Werk „Mimesis" von Gebauer und Wulf:

„Alle Texte beziehen sich bereits auf nicht identifizierbare andere Texte, auf Überlieferungen ohne angebbare Namen und Vorbilder. Sie wiederholen vorausgehende Texte; sie sind Gewebe von Differenzen ohne eigene Identität. Schreiben und Lesen sind mimetisch. ... Im Schreiben werden Differenzen zu vergangenen Worten und Sätzen erzeugt. Der neue Textkörper wächst durch Bezugnahme auf Fremdes; er ist auf anderes hin offen, nimmt es in sich auf und grenzt sich gegen wieder anderes ab. ... Texte erschließen sich nicht als begrenzte Wortkörper; sie haben eine Geschichte, sind das Ergebnis von Pfropfungen. ... Sie haben so nie den Charakter von Originalen."

In einem langen Prozeß hat sich also das europäische Denken von der Vorstellung eines sakrosankten Textes hin zu einer offenen Intertextualität bewegt, die, wie man sieht, nun ihrerseits wieder in der Gefahr ist, ihren eigenen Gegenstand zu zerstören. Parallel dazu wurde die Interpretation von der anfänglichen „imitatio", der reinen Nachahmung, allmählich zur neu deutenden Produktivkraft. Eines der tiefsten Symbole für diese krisenhafte allmähliche Verwandlung der europäischen Geistigkeit ist die Figur des Ritters von der traurigen Gestalt. Don Quijote will all die großartigen, christlich-heroischen Ideale, die er in seinen alten Ritterbüchern findet, buchstabengenau in einer veränderten Welt realisieren. Seine Lächerlichkeit entspringt seiner Weigerung, eine Differenz zwischen der Zeit des Textes und der eigenen Zeit anzuerkennen. Um am Ende zu „Alonso Quijano, dem Guten", zu werden, muß er nicht seinen Idealen wohl aber dem Text der Bücher abschwören – jenen Schriften, die nichts als Verwirrung über ihn und die Welt gebracht haben. So wendet er sich von der „imitatio" ab und der „productio" zu: der Selbstverantwortung, der „Individuation".

II.

Betrachten wir nach diesem allzu kurzen Streifzug durch die Geschichte der Philosophie und Literatur nun die Geschichte unserer eigenen Kunst mit geschärfter Aufmerksamkeit. Der schmerzhafte Riß zwischen mündlicher Kulturübermittlung und Erfindung der Schrift ist, verglichen mit der Wortsprache, für die Musik noch relativ neu und frisch; daher ist die Musik auch erst jetzt dabei, sich die daraus entstehenden Probleme bewußt zu machen. Die Erfindung der Notenschrift fällt sicher nicht zufällig in die gleiche Zeit, in der das Individuum im neuzeitlichen Sinne geboren wurde, und so ahnen wir, daß wir in der Musikentwicklung den gleichen Sinnverschiebungen von der „imitatio" hin zur „productio" begegnen werden. Ivan Illich hat gesagt, daß erst die Erfindung der Schrift den Autor hervorgebracht habe. Zumindest was die europäische Musikgeschichte angeht, müssen wir ihm recht geben. Als Guido von Arezzo eine brauchbare Grundlage für die Notation erfunden hatte, wurde er aus seinem Kloster ausgeschlossen. Die Begründung dafür ist interessant, wenn auch für uns im ersten Augenblick unverständlich. Man warf ihm vor, er habe sich gegen die „memoria" vergangen. – Wie soll gerade derjenige, welcher durch die Erfindung von Notation ein Bollwerk gegen das Vergessen aufrichten will, das Gedächtnis bedrohen? – Wer jemals beobachtet hat, wie noch heute die Übermittlung der alten Musik in Indien oder im japanischen Hoforchester vor sich geht; wer sich einmal mit der Untersuchung afrikanischer oder anderer Stammestraditionen beschäftigt hat, wird den Abgrund bemerkt haben, der sich zwischen oraler und schriftlicher Musiküberlieferung auftut. „Mündliche Tradition" heißt direkte Übertragung vom Lehrenden auf den Lernenden; die Musik wird gleichzeitig körperlich, seelisch und geistig weitergegeben in einem mimetischen Vorgang, der keine abstrakten Zeichen verwendet. Gestalt und Sinn der Gestalt werden ungeschieden vermittelt; sie treten niemals auseinander. So kann es auch keine Veränderungen der Überlieferung geben. Das, was die Griechen „poiesis" und „mimesis" nannten und was in der lateinischen Kultur des Mittelalters mit „productio" und „imitatio" übersetzt wurde, bildete eine Einheit. Diese Einheit wird durch die Erfindung der Notation, das heißt einer Schrift, aufgebrochen. Aufzeichnung heißt Akzentuierung, Verkürzung, Abstraktion. Jeder Aufzeichnende setzt andere Akzente, sieht die Fülle des realen Vorganges von einer anderen Seite; es entstehen sofort Widersprüche zwischen den Aufzeichnenden. Darüber wird diskutiert – bis zu dem Punkt, an dem die Diskussion mehr Interesse absorbiert als die Weitergabe der Gestalt. Die Musik ist nun zum Objekt geworden. Dies spürten Guidos Mönche, die auf eine jahrhundertelange ungebrochene und einheitliche mündliche Tradition des gewaltigen Organismus des Gregorianischen Chorals zurückblicken konnten.

Das Schicksal des Gregorianischen Chorals in den folgenden Jahrhunderten ist geradezu paradigmatisch: obwohl er die abendländische Musik immer wieder tief beeinflußt hat, schwand sehr schnell die Möglichkeit, seine Notation eindeutig zu entziffern. Ein jahrhundertelanges, bis heute nicht beendetes Ringen um die richtige Lesart folgte, das zu abenteuerlichsten und einander fundamental widersprechenden Interpretationen geführt hat.

Schriftliche Fixierung kann niemals dazu dienen, geistige Traditionen unverfälscht weiterzugeben. Durch die Notation wird vielmehr etwas geschaffen, das sich zwischen den Sender und den Empfänger stellt – ein Etwas, das ein Eigenleben beginnt, sich abschnürt, verfestigt, schließlich zum Dokument wird, das verschiedene Lesarten zuläßt, ja provoziert. Zwar sind die Probleme bei späteren Musiknotationen nicht so extrem wie bei der Gregorianik; aber selbst für den naivsten Musiker ist es heute evident, daß es Authentizität im Sinne der Identität eines Textes mit einer bestimmten Lesart nicht gibt, nicht geben kann. Immer ist der größere Anteil einer jeden Überlieferung durch den ungeschriebenen Kontext der Gewohnheiten der Entstehungszeit gegeben, und die Zeichen eines Textes verändern sich mit diesem. Die musikalische Syntax, in deren Rahmen Zeichen gebraucht werden, wandelt sich. So ist es unvermeidlich, daß auch deren graphische Symbole einem Bedeutungswandel unterliegen. Musikalische Gestalten sind der Zeit unterworfen; sie mutieren vom Faszinierend-Neuen über das Gewohnte bis hin zum Altvertrauten, das je nachdem als Altmodisch-Abgelebtes oder als Alt-Ehrwürdiges beziehungsweise Sakrales gilt. Rezeption von Texten ist immer Deutung aus einer bestimmten geschichtlichen Situation heraus.

Musikalische Notation ist Aktionsanweisung für den spielenden oder singenden Interpreten, sie wird aber auch zur Quelle für das Verstehen von Musik. Die traditionelle Vorstellung des Verstehens von Musik bindet den Vorgang

65

des Sinngebens, des Erfassens von Zusammenhang, den das Hören spontan vornimmt, an die Zeichen der Schrift. Ein Schriftzeichen ist wiederholbar – gleichzeitig ist es selbst eine Anweisung für die Wiederholung einer Aktion, die seinerzeit der Autor bestimmt hat. Aus dem Spiel von Wiederholung, Gegensatz und variierter Wiederholung entsteht musikalische Form; nur wird die Struktur der schriftlichen Aufzeichnung mit ihren proportionalen Beziehungen vom Ohr völlig anders wahrgenommen als vom Auge. Der die Schrift benutzende Komponist kann gar nicht anders, als seine Vorstellungen von Klängen in der Zeit im Partiturbild zu verräumlichen. Was entsteht, ist eine Umdeutung zeitlicher in räumliche Vorgänge. Nun bemerken wir aber, daß Auge und Ohr auf sehr verschiedene Weise funktionieren: während es dem Auge gegeben ist, eine räumliche Konstellation zu überblicken und so die Teile in ihren Verhältnissen zu erfassen, muß das Ohr sich in einem zeitlichen Prozeß, der genauso lange dauert wie das zu hörende Stück Musik, an der Folge der Klänge entlangtasten. Bei diesem Abtastprozeß wird das Gedächtnis manches speichern, anderes abstoßen; einiges wird in den Vordergrund, anderes in den Hintergrund treten. Eine graphisch identische Figur wird vom Ohr keineswegs als identisch empfunden. Streng genommen kennt das Ohr überhaupt keine Identität, da die Zeit in jedem Moment die ganze Welt verändert. Der Interpret auf dem Podium weiß genau, wie anders etwa ein Sonatensatzthema bei der Wiederholung der Exposition klingt – und wie anders erst bei der Reprise. Er stellt seine interpretatorischen Strategien auf diesen Tatbestand ein. Der Grad der Umformung des schriftlichen Konzeptes durch das hörende Bewußtsein wird vom erfahrenen Komponisten mitgedacht. Im Prozeß seines Schreibens findet eine Rückkopplung mit dem Bewußtsein des Interpreten statt – das heißt mit dem Moment des Erklingens, in dem die gefrorene Form der Schrift wieder in den lebendigen Fluß der

Zeit versetzt wird. Verstehen von Musik hätte diese Wechselbeziehung zu verfolgen, anstatt nur vordergründig die Architektur der Schriftform zu untersuchen.

Das Wort „Analyse" bedeutet bei Aristoteles das Auflösen von Knoten; im Fall der Musik handelt es sich um die Auflösung der Verknüpfungen, welche der Komponist in seiner Notation vorgenommen hat. Ergänzt werden müßte Analyse durch „Topik" – so heißt der Gegenbegriff bei Aristoteles –: Topik ist die Erkundung eines noch unbekannten Terrains. Das Wort kommt vom griechischen „topos", der Ort. Das unbekannte Terrain, das von einer musikalischen Topik gesucht werden müßte, ist die musikalische Zeit. Vom Klang ausgehend wird die noch verborgene Ordnung eines bestimmten musikalischen Zusammenhanges Schritt für Schritt ertastet – wir finden uns wie die Fledermäuse damit beschäftigt, im Dunkeln auf Formen zu reagieren. Als Spätfolge der Verräumlichung des musikalischen Bewußtseins durch die Schrift begegnet uns heute oft der Aberglaube, es sei für das Verständnis eines besonders kompliziert konstruierten Werkes der Neuen Musik hilfreich, dem Hörer möglichst genaue Analysen der Formen und Formeln des Komponisten vorzutragen. Dahinter steht ein falsches kompositorisches Bewußtsein: eben die Vorstellung, Verstehen von Musik sei das Verstehen ihrer – in der Partitur verräumlichten – formalen Zusammenhänge. Formale Konzepte des Komponisten teilen sich der zeitlichen Wahrnehmung ganz anders mit, nämlich nicht direkt sondern auf nicht-lineare Weise. Dieser Vorgang ist viel zu komplex, als daß er allein durch eine Analyse der Schriftform erfaßt werden könnte. Durch Überbetonung dieses Aspektes entsteht vielmehr oft ein Intellektualismus, der die gedankliche Erfassung vom hörenden Bewußtsein fast schizoid abspaltet. Die gleiche Art von Krankheit finden wir bei manchem Komponisten, welcher die Eigengesetzlichkeit nicht nur des Vorgangs der Interpretation sondern auch des Vorgangs des Hörens verdrängt. Wer seine Notation als eindeutige, das heißt nicht weiter interpretierbare Anweisung betrachtet, ist nicht nur naiv. Er läßt durch solchen Positivismus – ebenso wie bei reiner Tonbandmusik – eine ganze Dimension des Kompositorischen vertrocknen und beraubt seine eigenen Stücke zweier unschätzbarer Eigenschaften: sich erneuern und sich anpassen zu können.

III.

In einem ersten Anlauf haben wir die Auswirkungen der Erfindung der Notenschrift auf das Verstehen von Musik und auf das Selbstverständnis des Komponisten verfolgt. Wenden wir uns nun den professionellen Vertretern der Übermittlung von musikalischen Texten zu, den Interpreten. Wie verfährt die heute übliche Aufführungspraxis? Sehr wichtig für unser Jahrhundert war und ist das Bestreben, durch genaues Quellenstudium möglichst alle erreichbare Musik zu erforschen und die historischen Lesarten und Aufführungspraktiken zu rekonstruieren. Diese historisierende Bewegung hat aber einen Nebeneffekt, der sicher nicht in ihrer Intention lag: die durch sie begründete neue Orthodoxie ist einer anderen Orthodoxie ins Gehege gekommen, nämlich den sich aus der Aufführungspraxis des 18. und 19. Jahrhunderts direkt herleitenden Spieltraditionen, die besonders von den restaurativ eingestellten Orchestern und von den meisten Solisten der sogenannten virtuosen Sorte vertreten werden. Diese beiden Orthodoxien aber heben sich gegenseitig auf. Der interpretatorische Pluralismus, dem der heutige Musikfreund, besonders im riesigen Angebot der Medien, begegnet, zwingt ihn zu der Einsicht, daß jeder Text unendlich verschieden lesbar ist.

Der Gegensatz zwischen spätromantischer Spieltradition und Orientierung am Urtext spiegelt sich in der Praxis des ausführenden Musikers wider und zwar im Kontrast zwischen bewußt subjektivistischer Spielweise und dem, was man eine Zeitlang „neue Sachlichkeit" oder „Werktreue" nannte. Diese Strömung hatte, besonders in den fünfziger und sechziger Jahren, schon etwas Faszinierendes. Immer wieder konnte man feststellen, wie groß die Differenz zwischen den gängigen Interpretationen und dem neu gelesenen historischen Text war; man entdeckte die ursprüngliche Bedeutung bestimmter Schriftzeichen gegenüber dem, was der Gebrauch vieler Generationen daraus gemacht hatte; man rekonstruierte den Klang der alten Instrumente und glaubte, das historische Objekt auf diese Weise von allem Firnis der Vergangenheit gereinigt und zu seiner wahren Gestalt zurückgeführt zu haben. Ein – nicht weiter hinterfragter – Glaube an Rekonstruierbarkeit verband sich also mit Entdeckerfreude und auch mit Lust an der Provokation, denn gerade die großen Ikonen unserer Musikkultur werden auch heute noch normalerweise in der Spieltradition des 19. Jahrhunderts dargeboten.

Der fortschrittliche Interpret konnte sein Ideal objektiver Werktreue auch durch die Entwicklung der Neuen Musik bestätigt erhalten: die elektronische Musik der fünfziger Jahre war von der ausdrücklichen Absicht motiviert, die Unvollkommenheit des Interpreten durch die Perfektion der Maschine zu ersetzen. Darüber hinaus dominierten bis in die späten sechziger Jahre hinein Kompositionsformen, welche eine quasi subjektfreie Arbeitsweise in die Erstellung der Partituren hineintrugen. Immer wieder konnte man auch Komponisten als Interpreten erleben, die erklärtermaßen durch Einspielungen eigener Werke die Genauigkeit ihrer schriftlichen Notation noch ergänzen wollten. Wenn wir dagegen den Entschluß Gustav Mahlers betrachten, alle Metronomangaben aus dem Druck seiner Symphonien wieder entfernen zu lassen, weil er an sich selbst erfahren hatte, wie sehr die Gesetze der Interpretation von den

Gesetzen der schriftlichen Notation verschieden sind, spürt man die Brisanz der Diskussion. Unsere Ohren entdecken heute in vielen, auch berühmten Interpretationen sogenannter werktreuer oder historistisch orientierter Künstler, insbesondere der fünfziger und sechziger Jahre, eine Art zwangsneurotischer Begradigung von Tempi, Artikulationen, dynamischen Kurven; man hat das Gefühl, daß ein militärisches Ideal von Gleichschritt alles bestimmt. Natürlich war das damals ein faszinierendes Gegenbild zur pseudoromantischen Verwischung von Struktur, wie sie in den traditionalistisch geprägten Interpretationen dominierte; aber die Illusion, diese neue Spielweise werde dem Original gerechter als die alte, ist nicht aufrechzuerhalten, insbesondere da wir heute tatsächlich etwas mehr von den alten Spielgewohnheiten wissen. Nichts lag zum Beispiel dem Barock oder der Klassik so fern wie ein mechanisch gleichbleibendes Tempo.

Wollten wir das Ziel des heutigen Interpretierens auf eine Formel bringen, so müßten wir sagen: uns interessiert nicht der Kampf sogenannter Objektivität und Werktreue gegen irrationalen Subjektivismus; wir suchen Komplexität und Mehrdimensionalität. Wir durchschauen die historisierenden oder objektivierenden Bemühungen als eine Auswirkung des Zeitgeistes auf die interpretatorische Praxis. Es ist der gleiche Zeitgeist, welcher auch das kompositorische Ideal einer determinierten Musik hervorbrachte. Inzwischen haben wir eine Renaissance des romantischen Subjektivismus sowohl im Felde der Komposition wie auch im Felde der Darstellung von Musik erlebt; zu oft allerdings war diese lediglich eine nostalgische Rekonstruktion romantischer Modelle, wie es das Beipiel eines Dirigenten zeigt, der seine Einstudierung von Beethoven-Symphonien damit zu beginnen pflegte, daß er dem Orchester eine Furtwängler-Aufnahme des betreffenden Stückes vorspielte mit der Bemerkung, genauso wolle er es auch haben. Es ist kein

Geheimnis, daß eine Unzahl von Interpreten, vom Studenten bis hin zum berühmten Star, nach Schallplatteneinspielungen arbeitet. Nur kann man auf solche Weise bis zu Interpretationen, welche diesen Namen verdienen, gar nicht vordringen; man kann nur Kopien liefern, welche sich den marktgängigen Normen anpassen. Hier tritt tatsächlich Mimikry an die Stelle von Mimesis. Unsere Kultur läuft in eine Sackgasse – das schöpferische Neudenken wird durch den mechanisierten Betrieb verhindert.

Wir sehen, wie Komponisten und Interpreten unserer Zeit trotz gänzlich verschiedener Bewußtseinseinstellung von den gleichen untergründigen Tendenzen bestimmt werden. Ebensowenig wie die komponierenden Neuromantiker der siebziger Jahre konnten die rückwärts orientierten Interpreten der gleichen Zeit eine wirkliche Wandlung herbeiführen. Es bedurfte eines gleichzeitig subtileren und fundamentaleren Prozesses, um die alten Dogmen gründlich zu erschüttern; wir befinden uns mitten im Vorgang dieses unheimlichen Bebens, das meist – recht mißverständlich – mit dem Namen „Postmoderne" belegt wird. Was wir erleben, ist keineswegs nur die Erschöpfung der Avantgarde der fünfziger und sechziger Jahre. Wichtiger ist, daß die Vorstellung vom Kunstwerk als einem durch bestimmte Merkmale definierten, geschlossenen Regelkreis, als einmaligem Gebilde, das sich von allen anderen Gebilden aus Geschichte und Gegenwart abhebt, brüchig wird. Bernd Alois Zimmermann sprach von der gleichzeitigen Präsenz der Musik aller Zeiten und Kulturen. Er war keineswegs der einzige, der die totale Relativität aller Aesthetiken, das Nebeneinander aller denkbaren Musikformen im heutigen Bewußtsein konstatierte, aber er war einer der ersten, der kompositorische Konsequenzen daraus zog. Seine Collagen sind weder magische Beschwörungen noch nostalgische Erinnerungen sondern Gestaltung des Schocks, den wir erleiden, wenn wir volle Klarheit über unsere geistige Situation erreichen. Im

Augenblick der Mischung aller Kulturen in der heutigen Zivilisation ist die Rückwendung zur Rekonstruktion geschlossener Kulturreservate, Stilkreise, Folkloretraditionen etc. versperrt; die Simultaneität aller Werte verlangt einen völlig neuen Umgang mit den überlieferten Zeichen, wenn man nicht von jener Lähmung ergriffen werden will, die vom „Ende der Kunst" faselt, weil sie sich von den überholten Grundüberzeugungen nicht lösen kann.

In der „Musique pour les soupers du Roi Ubu" hat Zimmermann eine Musik komponiert, welche die Urbedeutung des Wortes compositio – Zusammenstellung – neu exemplifiziert. Musiken des 16., 17., 18., 19. Jahrhunderts überlagern sich mit Zitaten der Musik unserer Zeit und mit der halb improvisierten Musik einer Jazzband. Angesichts der Tatsache, daß – bis auf ein kurzes Selbstzitat – der Autor Zimmermann in diesem Stück gar nicht vorkommt, wohl aber seine Individualität sich auf eine ganz überraschende Weise durch die Auswahl der Materialien und ihre Überlagerung dokumentiert, stellt sich die Frage nach dem Wesen von Text und Autorschaft völlig neu. Blitzartig wird nicht nur deutlich, daß jeder Autor seit je auf den Schultern seiner Vorgänger steht, mit denen er durch, häufig unbewußte, mimetische Prozesse verbunden ist; es wird vor allem klar, daß im Augenblick der Bewußtwerdung einer universalen Vernetzung die lineare Genealogie – der Zusammenhang der Künstlergenerationen in der Evolution der Stile – einer nicht-linearen, frei gesetzten Beziehung weicht, die zu wählen zu den neuen Aufgaben eines Musikers gehört, gleichgültig, ob er Interpret oder Komponist ist. Besonders aufschlußreich ist die Präsenz der Jazzband im Zimmermannschen Stück. Die Anwesenheit einer solchen – mündlichen – Musiktradition versetzt der bisherigen Vorstellung vom Komponisten als Autor den Todesstoß, denn hier wird gesagt: die mimetische Beziehung, welche die Musiken aller Zeiten und Völker verbindet, umfaßt auch Kulturen, welche die Schrift und infolgedessen die Arbeitsteilung in Komponist und Interpret nicht kennen. Der sich öffnende Horizont erweist sich als nahezu unbegrenzt und wird allenfalls noch, wenn man einmal von den vielfältigen im Werk Cages auftauchenden mimetischen Bezügen der Musik, bis hin zum Sternatlas, absieht, durch die Einbeziehung der Vögel unter die sich selber interpretierenden Komponisten ergänzt, wie sie Messiaen vorgenommen hat, der des öfteren bekannte, für ihn seien die größten Komponisten der Erde die Vögel.

In der pluralistischen Kompositionstechnik von Olivier Messiaen verbinden sich disparate musikalische Gestalten durch ihre Simultaneität in dem vom Autor gesetzten Kontext auf neuartige Weise: Gregorianischer Choral, Vogelstimmen, indische und griechische Rhythmen, modale Harmonik, serielle Konstrukte, virtuose Traditionen aus der Sphäre von Liszt und Debussy bilden sich aufeinander ab und erzeugen ein mehrschichtiges und mehrdeutiges Ganzes. Die mimetische Kraft des Autors setzt diese verschiedenen Gestalten miteinander in Beziehung, indem er sich zu ihnen in Beziehung setzt, respektive indem er sie zu sich in Beziehung setzt. Der Autor verwendet nicht nur verschiedene Stile nicht-eigener Provenienz, er bringt auch historisch und aesthetisch unvergleichbare Gestalten zueinander. Er definiert so einen transpersonalen und transkulturellen Zusammenhang. Das komponierende Subjekt handelt, und es handelt mit allen seinen Eigenschaften, mit seinem Geschmack, seiner Intelligenz, seiner Erfahrung, seinem Temperament; aber es lebt nicht in der illusionären Zwanghaftigkeit, sich selbst darstellen, „originell" sein und seine Hervorbringungen im Sinn von geistigem Eigentum als patentierte Erfindungen markieren und schützen zu müssen. Es hat verstanden, daß auch der schreibende Autor Teil eines großen mimetischen Zusammenhangs ist, immer damit beschäftigt, alte Überlieferungen neu zu interpretieren. Was Interpretation ist, wird hier ganz deutlich: es ist Neudeutung, Neugeburt aus der eigenen Individualität, Umschaffung alter Gestalt durch die Versetzung in neuen Kontext.

Wir gelangen damit in das Zentrum des schöpferischen Prozesses. Wie geschieht dieses Umschaffen von Gestalt, an dem offenbar Komponist wie Interpret teilhaben? Ist es ein bewußtseinsgesteuerter, gar ein vernunftbestimmter Eingriff, der planbar, der begründbar ist? – So sehr Wissen und vernunftgemäßes Handeln zum künstlerischen Tun gehören, so wenig ist die Wurzel dieses Tuns auf solche Weise beschreibbar. Schon der Interpret auf dem Podium, um wieviel mehr der schreibende Komponist, macht täglich die Erfahrung, daß der Moment, welcher über die Lebendigkeit seines Werkes entscheidet, weder mit dem Willen noch mit der Vernunft steuerbar oder gar abrufbar ist. Im Augenblick der Produktivität fühlen sich Wille und Vernunft spontan erwärmt und ergriffen; sie werden zu für sie selbst nicht vorhersehbaren Resultaten geführt. Weder Wissen noch Fleiß noch Klugheit können das ersetzen. Es ist der Augenblick, der lebendig macht, indem er bereitliegenden Stoff plötzlich in neuem Licht erscheinen läßt. Der Komponist begreift eine große Terz, die Farbe einer Klarinette so neu, als ob es noch nie Klarinetten oder Terzen gegeben hätte; um diese Erfahrung festzuhalten, erfindet er eine Formulierung und bringt diese in einen bestimmten Kontext ein. Diese Formulierung, das heißt die Form der schriftlichen Aufzeichnung, die der Komponist wählt, ist zwar zweifellos das Werk seiner individuellen Intelligenz, aber es ist bereits Interpretation: Interpretation dessen, was er vorher spontan empfangen hat. Meisterschaft ist die Kongruenz der gewählten Form mit der unwillkürlich empfangenen Nicht-Form. Es ist ein charakteristischer Irrtum, allein die Form mit ihren beschreibbaren Eigenschaften als das Schöpferische anzusehen; er spiegelt die tiefe Blindheit der von der Einseitigkeit technologischen Denkens verunstalteten Existenzerfahrung unserer Epoche.

Es mag erlaubt sein, hier das Beispiel Giacinto Scelsis zu erwähnen, jenes zu Lebzeiten viel befehdeten und an den Rand gedrängten Komponisten, dessen Werk seit seinem Tode zunehmend Faszination ausstrahlt. Bekanntlich ließ Scelsi seine Werke von anderen Komponisten in Partitur schreiben, indem er ihnen Tonbänder zur Verfügung stellte, die er selbst in inspirierten Momenten bespielt hatte. Scelsi, weit davon entfernt, etwa wieder zu mündlichen Traditionen zurückzustreben, nahm die Differenz zwischen Aufzeichnung und empfangener Inspiration als gegeben hin, ja er zeigte sie durch seine Art der Produktion sozusagen vor – und ertrug gelassen das Hohngelächter der sogenannten Fachleute, deren Textverständnis noch ungebrochen traditionalistisch war.

Das Formgeben selbst ist also schon eine Interpretation durch den Komponisten.* Dessen Formgebung eröffnet nicht nur die Möglichkeit, sondern schafft die Notwendigkeit potentiell unendlich vieler weiterer Interpretationen. Ist die Schrift des Autors schon Darstellung, so ist das Tun des Interpreten „Darstellung der Darstellung" (Georg Picht, „Kunst und Mythos"). Die so entstehende Interpretation zweiter Ordnung wird die einzigartige Qualität der ersten, originalen Interpretation des Autors niemals verdecken können; sie ist immer zwischen zwei verschiedenen Bemühungen hin- und hergerissen, nämlich erstens die Individualität des Autors und seines Textes zu verstehen, und zweitens hinter beides zu kommen, in den geistigen Raum vorzustoßen, der beides hervorbrachte. Der Autor dagegen

---

* Alfred Brendel machte mich darauf aufmerksam, daß Busoni in seinem „Entwurf einer neuen Aesthetik der Tonkunst" bereits zu ähnlichen Formulierungen kam.

richtet sein Bewußtsein ungeteilt nur auf den Akt seiner Hervorbringung. Gerade dadurch wird er zum Sprachrohr überindividueller Kräfte, welche ihn befähigen, die Wahrheit seiner eigenen Zeit zum Ausdruck zu bringen, die sich von der Wahrheit aller anderen Zeiten unterscheidet. Traditionelles Denken weigert sich oft, diese grundlegende Einsicht zuzulassen. Das jüngste Beispiel für solchen Antimodernismus ist George Steiners heiß umstrittenes Buch „Von realer Gegenwart"; in der Absicht, übergeschichtliche Konstanten der Sprache und Kunst zu verteidigen, sperrt es sich gegen eine tiefere Erfahrung von Zeit. Georg Picht hat dagegen gezeigt, wie der Mensch durch die Distanz zum jeweils Gegenwärtigen ein Wissen gewinnt, in der Zeit zu sein, das ihn selbst verändert und damit zugleich „seine Umgebung, seine sozialen Ordnungen, die Natur. Diese Veränderungen induzieren jedoch neue Formen des Wissens von seinem In-der-Zeit-Sein, die wiederum alle Dimensionen, in denen er sein Wesen entfaltet, verwandeln. In den Phänomenen der Geschichte stellt diese unaufhörliche Verwandlung sich dar." So besehen hätte der Interpret letztlich die heikle Aufgabe, eine „Wahrheit" einer vergangenen Zeit in die „Wahrheit" seiner eigenen Gegenwart zu „übersetzen" – besser wäre es, das große Wort „Wahrheit" hier noch nicht zu gebrauchen, sondern es mit Picht zu reservieren für die Zusammenschau der Zeitmodi in ihrer Differenz: „für die Erscheinung der Einheit der Zeit in der Verschränkung ihrer drei Modi: Vergangenheit, Gegenwart, Zukunft".

Die Tätigkeiten des Autors und die des Interpreten gehören zwei verschiedenen Ordnungen an; und doch haben wir vorher gesehen, daß sie in Hinsicht auf den schöpferischen Augenblick von gleicher Qualität sind. Wie löst sich dieses Paradox? Was bildet zwischen ihnen die Verbindung, die Brücke?

Am Anfang jeder interpretatorischen Arbeit wird die genaueste und intensivste Aneignung des Urtextes stehen müssen samt Studien über die Entstehungszeit. Sodann wird man die Geschichte der Interpretation des Textes studieren und beobachten, welche Auswirkungen er auf die Zeit nach seiner Entstehung hatte. Der Interpret begegnet zunächst Tönen, Worten, Farben, Formen und sucht dann deren Zusammenhang zu verstehen. All das bewegt sich noch im Vorfeld von Interpretation. Der schöpferische Funken springt vom Autor auf den Interpreten erst in dem Augenblick über, in dem dieser sich in eine Gestalt „verliebt", in dem er von ihr „besessen" wird. Was die betreffende Form jetzt für ihn bedeutet, unterscheidet sich von der Bedeutung der gleichen Form für den Autor, denn ein anderes Individuum erlebt die Form zu einer anderen Zeit in einem anderen Zusammenhang. Diese Differenz ist Voraussetzung jener Sympathiebeziehung, die durch die Ähnlichkeit im Formerlebnis zwischen Autor und interpretierendem Hörer-Leser entsteht. Soweit sich die Beziehung zwischen Text und Interpret also auf Nachahmung oder Verstehen richtet, ist Rationalität maßgebend; soweit sie schöpferische Neudeutung ist, ereignet sie sich unabhängig von Wille und Vernunft. Erst durch den „enthousiasmos", die Begeisterung, wird Interpretation persönlich und so schöpferisch. Ebenso verhält es sich mit der Arbeit des Autors: nur die Gestalten, welche der Autor liebt, während er sie niederschreibt, tragen den Keim des Lebens in sich und können den Enthusiasmus des Interpreten wecken. Ich kann nicht verhindern, daß mir an diesem Punkt unserer Überlegungen ein Wort des Augustinus einfällt: „ama et fac quod vis"- „liebe, und dann tue, was du willst". Im Gegensatz zu Analyse und Kritik, die sich nur mit der Form eines Kunstwerks auseinandersetzen, sucht die schöpferische Interpretation sich mit dem Geist des Werkes zu identifizieren. Dies ist auch der Grund dafür, daß schöpferische Interpretation das Original nicht beschädigt, auch wenn sie noch so frei damit umgeht. In der Interpretation wird sich zwar auch etwas von der Individualität des Interpreten abdrücken, aber unabsichtlich und spontan. In dieser Spontaneität wird die alte in eine neue Wahrheit verwandelt.

Aus den Beziehungen der verschiedenen Rezipienten zum Text entsteht so eine Kette von Brechungen der gleichen Gedanken. Man kann aus den Differenzen zwischen den verschiedenen Versionen des gleichen Textes auf den Reichtum des Autors schließen; noch wichtiger wäre es jedoch zu lernen, über den Autor hinauszugehen und die hinter ihm und in ihm wirkenden Kräfte der Zeit und der menschlichen Geistesentwicklung am Werk zu sehen. Es handelt sich hierbei nicht um eine Regression, nicht um Rückfall in eine mündliche Tradition, welche den individuellen Autor noch nicht kennt, sondern um ein Überschreiten der Vorstellung vom Autor als „Originalgenie". Autor und Text werden entmythologisiert und so in ihrer wahren Würde erkannt: Notation dient keineswegs der Stützung der Genauigkeit von Überlieferung oder der Herausbildung des individuellen Autors, sondern sie setzt einen Prozeß endloser Differenzbildung in Gang, der am Ende Autor und Text im Feuer einer heller leuchtenden Bewußtheit verbrennt. Erwächst doch dem Text gerade aus der vielfältigen Interpretierbarkeit die Chance, eine sich immer wieder erneuernde Aktualität zu gewinnen, indem die Interpreten durch den Vorgang des Sich-Verliebens in den Text, durch die subjektive Adaption und schließliche Neugeburt seiner Gestalt aus dem eigenen Geist etwas von der veränderten Zeitsituation in den alten Text einfließen lassen, etwas aus ihm herauslesen, was sich der Autor nie hätte träumen lassen – das aber doch eine Frucht seiner Gedanken ist. Selbst eine Persiflage wäre noch eine solche Frucht, denn man wird nichts persiflieren, von dem man nicht auf irgendeine Weise beeindruckt ist. So wächst der Text weiter, und erst wenn er nicht mehr neu gesehen, umstritten und umgedeutet wird, ist er wirklich tot.

Demjenigen, der nun trotzdem noch nach dem Verbleib der „Wahrheit" über eine große geschichtliche Gestalt fragt, muß gesagt werden: in jedem großem Werk steckt mehr, als sein eigener Autor weiß. Schon Schleiermacher hat diesen Gedanken geäußert: der Interpret verstehe den Interpretierten besser als dieser sich selbst. Ein großer Text läßt sich nicht auf die Auslegung der eigenen Zeit begrenzen; historische Entfernung wiederum ist durch keinerlei Kodifizierung aufzuheben, da sich neben allen Einzelaspekten das rezipierende Bewußtsein unwiderruflich geändert hat. Eine Zeit wie die unsere, welche geistige Gestalten nicht mehr aus einer einheitlichen Tradition empfängt, hat keine andere Möglichkeit, als eben auch die Differenz der verschiedenen Lesarten als Quelle von Erkenntnis zu nutzen.

Eine Möglichkeit, mit diesen Differenzen kreativ umzugehen, besteht darin, sie als Anreiz zu neuer künstlerischer Gestaltung zu nutzen. Seit Beginn unseres Jahrhunderts gewinnt eine Spielart von Musik zunehmend an Bedeutung, die schon durch die Transkriptionen Liszts, Busonis, Regers und auch Schönbergs vorbereitet wurde. Diese Transkriptionen setzten auf sehr freie Weise klassische oder barocke Texte in einen direkten Bezug zum Stil der eigenen Epoche. Das Lebenswerk Strawinskys enthält, außer einer Reihe solcher Bearbeitungen, auch innerhalb seiner eigenen Musik eine Fülle von Bezügen zu historischen Stilen. So entsteht eine dialogische Beziehung zu fremden Texten, die bis zur Bildung von chimärischen Formen führen kann – ein Verfahren, von dem sich dann die schon erwähnten Zitat- und Collagetechniken bei Zimmermann, Berio und anderen sowie der Messiaensche Synkretismus noch einmal abheben. In allen diesen Beispielen ist kaum mehr zu unterscheiden, ob es um Neuinterpretationen von geschichtlichen Formen geht oder um die Erweiterung des Personalstils eines Komponisten.

Es ist auch möglich, zu neuen kompositorischen Modellen vorzustoßen, indem man sich fragt, wie man die gängigen, routinehaften Formen der Musikdarbietung wirkungsvoller gestalten könne. So kann die Frage der Zusammenstellung eines Konzertprogramms dazu anregen, die Musik verschiedener Epochen durch komponierte Vor-, Zwischen- oder Nachspiele miteinander in direkte Beziehung zu setzen – aus dem „Komponisten" würde ein „Postponist", ein „Interponist" oder „Anteponist". Ich erinnere an Michael Gielens Arbeit in dieser Richtung. Durch das Erscheinen einer durchaus subjektiven interpretatorischen Kraft müßte ein geistiger Horizont geschaffen werden, in dem sich die gegensätzlichen Gestalten eines gewählten Programmes begegnen können. Die pure Nebeneinanderstellung besonders heterogener Werke, wie sie von manchen Interpreten vorgenommen wird, um Routine durch Schock zu durchbrechen, hat sehr oft noch nicht die Evidenz, welche notwendig ist, will man geistige Beziehungen wirklich aufleuchten lassen. Anders kann es sein, wenn der Komponist beim Verfassen eines Werkes schon an einen bestimmten Kontext denkt, in dem es erklingen soll: ich habe ein paarmal erlebt, daß ein Komponist – zum Beispiel Klaus Huber – anläßlich eines Auftrages bestimmte Wünsche für die übrigen Teile des Programms hatte: so entstand ein sinnvolles Ganzes.

In meiner eigenen Bearbeitung von Schuberts „Winterreise", die ich „eine komponierte Interpretation" nenne, hat mich die Idee geführt, ein großes Werk der Vergangenheit nicht nur von seiner Vorgeschichte sondern noch mehr von seiner Wirkungsgeschichte aus zu erfassen. In einem von Konstruktionsmethoden unseres Jahrhunderts gesteuerten Kompositionsprozeß wurde in bestimmter Weise die Zukunft des Werkes auf seine Originalgestalt rückprojiziert, indem Aspekte dessen, was von den Interpreten im weitesten Sinn in mehr als einhundertundfünfzig Jahren aus Schubert herausgelesen worden ist, selbst zum Material eines veränderten Textes wurden.

Am Ende unserer Überlegungen läßt sich nun eine Frage nicht weiter umgehen: Wird mit dieser erweiterten Vorstellung von Interpretation nicht der Willkür Tür und Tor geöffnet? Tritt nicht das Bild eines alles beherrschenden Interpreten an die Stelle des von unserer Gesellschaft an den Rand gedrängten Komponisten? Wer unseren Überlegungen genau gefolgt ist, wird die Antwort schon gehört haben: nicht der Willkür des Interpreten wird hier Kredit gegeben, sondern seine Einbindung in kompositorische Disziplin gefordert. Schöpferische Interpretation ohne kompositorisches Denken ist unmöglich, und kompositorisches Denken heißt: verantwortlich mit Material umgehen. Interpretatorisch-mimetische Kraft entzündet sich nicht an unscharfen Texten sondern an Partituren, welche alle Fähigkeiten des Interpreten auf neue Weise fordern und gleich weit entfernt sind von der Sterilität zwanghafter Bindung an den Buchstaben des Textes wie von vorrationalen Improvisationsvorstellungen. Es geht heute um die Gewinnung eines neuen Grades von Differenzierung, also um größere Komplexität und größere Bewußtheit; dieser Satz gilt ebenso für den Komponisten wie für den Interpreten. Vom Komponisten ist zu fordern, daß er den doppelten Boden, auf welchem jedes neu komponierte Werk steht, indem es als Punkt in der Gegenwart doch immer verbunden bleibt mit unzähligen Aspekten von Geschichte, ausdrücklich reflektiert. Dazu gehört auch die Einsicht in den mimetischen Charakter von Schrift, sowohl in ihrer Eigenschaft als Aufzeichnung wie auch in ihrer Funktion als Aktionsanweisung für den Interpreten. Neu komponierte Musik, neu erfundene formale Strategien sind nicht per se der Inbegriff des Schöpferischen. Auch ist längst jeder Personalstil von der Geschichte dazu verdammt, unverzüglich zur Manier und zur leichten Beute von Nachahmern zu werden.

Seit Erfindung der Notation ist das Schöpferische für uns in zwei Pole auseinandergetreten. Nach der klassischen

Vorstellung ist der Komponist Sender, der Interpret Empfänger. In Wirklichkeit ist auch der Komponist Empfänger – nur auf andere Weise als der Interpret; und dieser ist auch Sender, ist Veränderer, nur auf andere Weise als der Komponist. Der Text ist ein Keim, der vielfältige und nie identische Nachkommen hervorbringt. Es geht also nicht darum, den Autor, den Text oder gar den Geist von einem imaginären Thron zu stoßen, wie es George Steiner in seinem unglückseligen Buch behauptet, sondern darum, die Vorstellung vom Geistigen endlich aus ihrer Mesalliance mit Individualismus und Geniekult zu befreien. Es geht natürlich nicht um eine Abwertung von Notation oder von historisch-kritischer Arbeit – auch in Zukunft wird niemand ohne diese auskommen. Es geht um die Erkenntnis, daß Schrift mimetisch ist und mimetische Arbeit eine Art Schrift. Für die alte asiatische Kultur war und ist beides in der Übung der Kalligraphie eine lebendig erfahrbare Einheit: Texte werden immer wieder neu geschrieben und durch die individuelle Kraft des Kalligraphen neu geschaffen. So könnten auch wir die klingende Realisation eines Werkes als „écriture vocale" begreifen, als Schrift in der realen musikalischen Zeit, welche das verräumlichte, zeitlupenhafte Schreiben des Komponisten wieder verflüssigt. Durch den Vorgang des Immer-neu-Schreibens wären Komponist und Interpret verbunden, und die Wunde, welche die Erfindung der Notation dem musikalischen Bewußtsein geschlagen hat, könnte sich wieder schließen.

Schuberts „Winterreise"

Notizen zu meiner „komponierten Interpretation"

Seit Erfindung der Notation ist die Überlieferung von Musik geteilt in den vom Komponisten fixierten Text und die vom Interpreten aktualisierte klingende Realität. Ich habe ein halbes Leben damit verbracht, möglichst textgetreue Interpretationen anzustreben – insbesondere von Schuberts Werken, die ich tief liebe –, um doch heute mir eingestehen zu müssen: es gibt keine originalgetreue Interpretation. So wichtig es ist, Texte genauestens zu lesen, so unmöglich ist es, sie lediglich rekonstruierend zum Leben zu erwecken. Abgesehen davon, daß sich sehr viele Dinge, wie Instrumente, Säle, Bedeutung von Zeichen etc. verändert haben, muß man verstehen, daß jede Notenschrift in erster Linie eine Aufforderung zur Aktion ist und nicht eine eindeutige Beschreibung von Klängen. Es bedarf des schöpferischen Einsatzes des Interpretierenden, seines Temperamentes, seiner Intelligenz, seiner durch die Aesthetik der eigenen Zeit entwickelten Sensibilität, um eine wirklich lebendige und erregende Aufführung zustande zu bringen – ich rede nicht von äußerlicher Perfektion. Dann geht etwas vom Wesen des Interpreten in das aufgeführte Werk über: er wird zum Mitautor.

Verfälschung? Ich sage: schöpferische Veränderung. Musikwerke haben wie Theaterstücke die Chance, sich durch große Interpretationen zu verjüngen. Diese sagen dann nicht nur etwas über den Interpreten aus, sondern sie bringen auch neue Aspekte des Werkes zu Bewußtsein.

Ein Werk wie die *Winterreise* ist eine Ikone unserer Musiktradition, eines der großen Meisterwerke Europas. Wird man ihm ganz gerecht, wenn man es nur in der heute üblichen Form – zwei Herren im Frack, Steinway, ein meist sehr großer Saal – darstellt? Viele halten es für wichtig, sich darüber hinaus dem Klang des historischen Originals wiederanzunähern.

Das „heilige Original" – es wird heute viel gepflegt, auf Hammerklavieren, Schubert-Flügeln, Kurzhalsgeigen und Holzflöten. Und das ist auch gut so, obwohl wir nicht der Illusion verfallen dürfen, daß Aufführungen mit historischen Instrumenten uns so ohne weiteres den Geist der Entstehungszeit zurückbringen könnten. Zu sehr haben sich unsere Hörgewohnheiten und unsere Ohren verändert, zu sehr ist unser Bewußtsein geprägt von Musik, die nach Schubert geschrieben wurde. Oft wird vielmehr eine „historisch-getreue" Aufführung als „Verfremdung" dessen, was wir gewohnt sind, gehört; auf jeden Fall als „Brechung" des bisher einfachen Bildes, das wir von dem betreffenden Komponisten hatten. Hier liegt die Wichtigkeit der Erfahrung mit historischen Rekonstruktionen: Man sieht das Bild eines geliebten Meisters plötzlich doppelt und dreifach, sozusagen von verschiedenen Seiten, aus verschiedenen Perspektiven. Und hier ist auch der Ansatz für einen völlig unorthodoxen Umgang mit alten Texten, für das, was die Franzosen „lecture" nennen, und was man mit „individuell-interpretierender Lesart" übersetzen könnte.

Meine „lecture" der *Winterreise* sucht nicht nach einer neuen expressiven Deutung, sondern macht systematisch von den Freiheiten Gebrauch, welche alle Interpreten sich normalerweise auf intuitive Weise zubilligen: Dehnung bzw. Raffung des Tempos, Transposition in andere Tonarten, Herausarbeiten charakteristischer farblicher Nuancen. Dazu kommen die Möglichkeiten des „Lesens" von Musik: innerhalb des Textes zu springen, Zeilen mehrfach zu wiederholen, die Kontinuität zu unterbrechen, verschiedene

Lesarten der gleichen Stelle zu vergleichen … All diese Möglichkeiten werden in meiner Version kompositorischer Disziplin unterworfen und bilden so autonome formale Abläufe, die dem Schubertschen Original übergelegt werden. Die Verwandlung des Klavierklangs in die Vielfarbigkeit des Orchesters ist dabei nur einer unter vielen Aspekten: keineswegs handelt es sich hier um eine eindimensionale „Einfärbung", es handelt sich vielmehr um Permutationen von Klangfarben, deren Ordnung von den formalen Gesetzen der Schubertschen Musik unabhängig ist.

Die an wenigen Stellen auftretenden „Kontrafakturen" (also die Hinzufügung frei erfundener Klänge zur Schubertschen Musik als Vorspiele, Nachspiele, Zwischenspiele oder simultane „Zuspiele") sind nur ein Extrem dieser Verfahrensweisen. Immerhin darf man sich erinnern, daß manche der großen Pianisten der Jahrhundertwende Überleitungen von einem Stück ihres Programmes zum nächsten zu improvisieren liebten … Eine andere extreme Möglichkeit, von der in meiner Bearbeitung Gebrauch gemacht wird, ist die Verschiebung der Klänge im Raum. Hier spätestens wird deutlich, daß alle beschriebenen formalen Kunstgriffe ja auch eine poetisch-symbolische Seite haben. Die Musiker selbst werden auf Wanderschaft geschickt, die Klänge „reisen" durch den Raum, sogar bis ins Außerhalb des Raumes. So werfen auch manche der früher beschriebenen Eingriffe ins Original ein Schlaglicht auf die poetische Idee des einzelnen Liedes. Schubert arbeitet ja in seinen Liedkompositionen mit klanglichen „Chiffren", um jene magische Einheit von Text und Musik zu erreichen, die insbesondere seine späten Zyklen auszeichnet. Er erfindet zum „Kennwort" jedes Gedichtes eine keimhafte musikalische Figur, aus der das ganze Lied sich zeitlich entfaltet. Die geschilderten strukturellen Veränderungen meiner Bearbeitung entspringen immer diesen Keimen, und entwickeln sie sozusagen über den Schubertschen Text hinaus: die Schritte in

Nr. 1 und Nr. 8, das Wehen des Windes (Nr. 2, 19, 22), das Klirren des Eises (Nr. 3, 7), das verzweifelte Suchen nach Vergangenem (Nr. 4, 6), Halluzinationen und Irrlichter (Nr. 9, 11, 19), der Flug der Krähe, das Zittern der fallenden Blätter, das Knurren der Hunde, die Geräusche eines ankommenden Postwagens ...

Auch stilistisch betrachtet enthalten ja die Spätwerke Schuberts Keime, welche erst Jahrzehnte nach ihrer Entstehung bei Bruckner, Wolf und Mahler aufgehen; an manchen Stellen der *Winterreise* ist man versucht zu sagen, daß der Expressionismus unseres Jahrhunderts schon avisiert wird. Auch diese Zukunftsperspektiven Schuberts will meine Bearbeitung aufzeigen – ebenso allerdings die Verwurzelung Schuberts in der Folklore. So werden schon im ersten Lied mehrere aesthetische Perspektiven übereinander geblendet; die Archaik von Akkordeon und Gitarre, die biedermeierliche Salonkultur des Streichquartetts, die extravertierte Dramatik der spätromantischen Sinfonik, die brutale Zeichenhaftigkeit moderner Klangformen ... Für jedes Lied mußte im übrigen eine eigene Lösung gefunden werden, so daß sich die Gesamtheit des Zyklus wohl eher wie eine abenteuerliche Wanderung als wie ein wohldefinierter Spaziergang ausnehmen wird.

Ein letzter Gedanke sei hier skizziert. Wird bei Schubert die *Winterreise* im zweiten Teil zunehmend zu einer Auseinandersetzung mit dem Tod, wird der Abschied von der Geliebten zu einem Abschied vom Leben überhaupt, so zwang dies zu einer besonderen Strategie in der Bearbeitung des Schlusses. Die am Anfang trotz aller Verfremdung noch eindeutige Beziehung zum historischen Original wird in meiner Bearbeitung immer labiler, die „heile Welt" der Tradition verschwindet immer mehr in eine nicht rückholbare Ferne. In Nr. 18 – „Stürmischer Morgen" – flattern die Strukturen Schuberts, analog zum Text, nur noch als (Wolken-)Fetzen „umher in mattem Streit", die freundliche Me-

lodie von Nr. 19 – „Täuschung" – wird zu einer täuschen-
den Ausgeburt eines wie eine Idée fixe auftauchenden
Einzeltones; in „Mut" pfeift der Wintersturm dem Leser (=
Hörer) derartig um die Ohren, daß er ihn immer wieder zur
Ausgangsposition zurückwirft. Der seltsame Gesang von
den drei „Nebensonnen" wird als endgültiger Verlust der
Realität gedeutet: der Notentext erscheint gleichzeitig in
drei konkurrierenden Tempi, wobei es unmöglich ist, eines
davon als Koordinatensystem für die beiden anderen zu nutzen. Beim „Leiermann" endlich verschwindet außer der
zeitlich-metrischen Orientierung auch noch die harmo-
nisch-räumliche Stabilität, indem durch immer neu hinzu-
gefügte Unterquinten (abgeleitet aus dem 4. Takt des Schu-
bert-Liedes) die Gestalten ihre „Beziehung zum Boden"
verlieren und am Schluß gleichsam „in die Erde sinken".
   Es wird berichtet, daß Schubert während der Komposition dieser Lieder nur selten und sehr verstört bei seinen
Freunden erschien. Die ersten Aufführungen müssen eher
Schrecken als Wohlgefallen ausgelöst haben. Wird es möglich sein, die aesthetische Routine unserer Klassiker-Rezep-
tion, welche solche Erlebnisse fast unmöglich gemacht hat,
zu durchbrechen, um eben diese Ur-Impulse, diese existentielle Wucht des Originals neu zu erleben?

Klassik und Romantik

Nach der Lektüre von Charles Rosens
„The Romantic Generation"

Zu den grundlegenden Vorverabredungen über die Musik des 18. und 19. Jahrhunderts gehört es, die einzelnen Werke dieser Zeit in das große Dreierschema „Barock – Klassik – Romantik" einzuordnen. Dabei nimmt die Klassik einen in jeder Hinsicht zentralen Platz ein, denn „klassisch" wird auch als qualitativ wertender Begriff benutzt. Ein Klassiker soll ja nach dem allgemeinen Sprachgebrauch ein Künstler sein, welcher etwas überindividuell Gültiges in seinem Werk verwirklicht hat, das als Vorbild nicht nur für seine eigene Epoche gelten kann; ein Künstler, der seine Individualität mit etwas „Allgemeinem" – was immer das sein mag – in harmonische Beziehung gebracht hat. Ein „Romantiker" dagegen gilt als ein Künstler, der den Ausdruck seines Ich über allgemeinverbindliche Normen stellt und sich schon insofern in der Gefahr befindet, eine abschüssige Bahn zu betreten, die ihn in anarchistische oder pathologische Abgründe schleudern könnte. Daß der Ausdruck „Barock" ursprünglich ein Synonym für „zopfiger Schwulst" war, sei nur am Rande erwähnt.

Insbesondere das Werk Beethovens – und bei diesem wiederum die Kompositionen seiner mittleren Zeit – haben den normativen Charakter der Klassik bis heute behalten; auch Schönberg und die sich von ihm herleitenden Musiker haben sich mit Recht immer auf Beethoven berufen. Fragen wir nach Gründen für diese einzigartige Stellung eines Musikers in unserer Kultur, so müssen wir antworten, daß sich bei Beethoven allerhöchste, ans Wunderbare grenzende schöpferisch-inspirierte Kraft mit einer ebenso mächtigen formenden Intelligenz verbunden hat. Um dem Vulkan seines Innern feste Gestaltungen abzuringen, mußte Beethoven eine äußerst scharfsinnige, bis ins kleinste Detail seiner Werke funktionierende, kompositorische Systematik ausbilden, die immer wieder mit der Dialektik der Hegelschen Philosophie verglichen worden ist. Daß nun die Komponisten nach Beethoven trotz aller Anstrengung niemals mehr so perfekte Sonatensätze wie Beethoven schreiben konnten, lag vielleicht weniger daran, daß sie als „Romantiker", durch ihren Individualismus verführt, nicht mehr die Kraft des Allgemeinen hatten, als vielmehr an der einfachen Tatsache, daß die Sonatenform für sie nicht die adäquate Art und Weise war, sich auszudrücken. Durch die Riesenfigur Beethoven war jedoch das Prestige dieser Form so groß geworden, daß bis hin zu Mahler fast jeder bedeutende Komponist des 19. Jahrhunderts sich darum mühte, als Krönung seines Schaffens einige Symphonien vorzulegen. So trugen die Romantiker selbst dazu bei, daß im allgemeinen Bewußtsein die Überlegenheit der klassischen Epoche über Barock und Romantik nie in Frage stand.

Dabei gibt es eine alternative Sicht auf die Dinge, für die – gerade im Hinblick auf die Entwicklung der Moderne aus der Spätromantik – gute Gründe sprechen. Die Bewegung, welche den musikalischen Barock, in dem tatsächlich noch ein „überindividueller" Geist Form und Technik bestimmte, in revolutionärer Haltung überwinden wollte, war der „Sturm und Drang". In dieser Bewegung stand der Ausdruck des Subjektes, standen anti-architektonische Formen (manchmal könnte man geradezu von „Informel" sprechen!) bis hin zu improvisatorisch anmutenden Kunstformen im Mittelpunkt des Interesses – Aspekte von Musik, die nicht nur in der Frühromantik sondern vor allem auch in der Moderne sehr wichtig wurden. Sieht man hier eine langfristige Bewegung am Werk, welche gegenüber der stark strukturell-formalistischen Architektonik des Barock den dynamisch-unmittelbaren Aspekt von Musik betont, so erscheint plötzlich die Klassik – gerade in ihren exemplarischen Werken – als ein retardierendes Moment auf diesem Wege, und die Romantik – auch in ihren subjektivistischsten Bildungen – als die eigentliche Vorform einer in die radikale Individuation mündenden Moderne.

In seinem Buch „The Romantic Generation" zeigt Charles Rosen solche antiklassischen Haltungen bei Musikformen auf, die zwischen Beethovens Tod und der Mitte der fünfziger Jahre des 19. Jahrhunderts entstanden sind. Rosen hat ein feines Gespür dafür, daß eine antiklassische Haltung immer auf eine antisystematische Ausrichtung hindeutet. Er beobachtet, wie in diesen dreißig Jahren alle wesentlichen gegen den klassischen Stil gerichteten Tendenzen auftauchen, welche dann den Rest des 19. Jahrhunderts – und wie man hinzufügen muß, auch die Moderne – bestimmen. Die ungewöhnlichste und sicherlich auch fruchtbarste These von Rosen heißt, daß diese dreißig Jahre in einem radikalen Sinne viel fortschrittlicher waren als die folgenden Jahrzehnte der Spätromantik. Die Spätromantik erscheint vielmehr in entscheidenden Aspekten als Restaurationsbewegung, welche das Ideal der klassischen Formarchitektur wieder neu belebt und, etwa bei Wagner und Bruckner, ins Monumentale steigert. Eine solche Sichtweise widerspricht der üblichen Genealogie der Neuen Musik, die sich daran gewöhnt hat, in der Erbfolge Beethoven – Brahms – Schönberg – Webern – Boulez die eigentliche Linie des „Fortschritts" zu sehen, und alle übrigen Stile als marginale oder reaktionäre Abwege abzuqualifizieren.

Die beherrschende Rolle in Rosens Exposition des Antiklassischen spielt Robert Schumann, und zwar vor allem der frühe Schumann. Rosens Analysen der „Davidsbündler", des „Carneval" und mancher Schumann-Lieder weisen als das Zentrum der Bewegung eine Tendenz nach, die weg von der großen gebauten Form hin zum musikalischen „Augenblick" führt. Sie wird mit dem Hang der zeitgenössischen Literatur zum Fragment, vor allem bei Friedrich Schlegel und Novalis, verglichen. In Schumanns Werken finden sich zum Beispiel Modelle einer ausdehnungslosen Musik: einer Musik, die in sich selbst zurückläuft, das heißt zu einem unendlichen Zirkel ohne Anfang und Ende wird. Berühmtestes Beispiel: das erste Lied der „Dichterliebe". Das Problem der Form stellt sich dadurch völlig neu. Nicht die organische Verbindung aller Einzelmomente wird, wie in der Beethovenschen Sonate, zum Ziel, sondern die Autonomie der Einzelgestalt. Schlegel beschreibt seine Fragmente als „Igel" – also als Formen, welche sich gegenseitig abstoßen, statt sich zu einer Kette zu verbinden.

Hat man diese Beschreibung Rosens einmal in sich aufgenommen, so hört man nicht nur die Frühwerke Schönbergs und Weberns neu: man versteht vor allem blitzartig die verborgene Verbindung zwischen Schumann und Debussy; denn was tut Debussy anderes, als jene Tendenz zum Augenblickshaften, zum Einmaligen noch weiter zu entfalten? Man weiß, daß der späte Debussy mit dem Gedanken gespielt hat, noch die letzten Spuren von Wiederholungen in seinen Pattern-Strukturen aufzugeben. Dagegen hat Schumann in seinen reiferen Jahren manche seiner frühen wiederholungslosen Miniaturen mit Wiederholungszeichen versehen – ganz offenbar aus „Angst vor der eigenen Courage". Dieses Detail zeigt einmal mehr, wie sehr das Bewußtsein der „Romantic Generation" noch von der klassischen Aesthetik dominiert war, und wie stark sich, fast gegen den Willen der Autoren, die kreativen Kräfte aus dem Unbewußten auf ganz andere Ziele richteten.

Rosen entdeckt noch andere zukunftsweisende Eigenschaften bei Schumann – so die eigentümliche Webtechnik seiner Polyphonie, die, obwohl sehr stark von Bach inspiriert, zu völlig neuen Klangwirkungen führte. Hier erscheint zum ersten Mal das Thema „Form und Farbe", welches bis zum jetzigen Moment eines der beherrschenden des kompositorischen Denkens geblieben ist. – Und dann die seltsame Sippschaft der „negativen" Klänge bei Schumann, reine Resonanzen etwa oder Strukturen, welche durch sukzessive Ausblendung der Teiltöne eines gegebenen Akkordes entstehen. Auch in solchen scheinbaren Extravaganzen kündigen sich Tendenzen der Moderne an.

Am weitesten wagt sich Rosen in seinen Bemerkungen über die Rolle des Wahnsinns in der Romantik vor. Wahnsinn als persönliches Schicksal befällt auffallend häufig die genialen Dichter und Musiker jener Jahrzehnte. Wahnsinn erscheint auch in vielen Werken der Zeit als thematisierte alternative Option zum Reglement der Normalität. Er tritt auch sozusagen „direkt" innerhalb der künstlerischen Form in manchen „wahnsinnigen" Einzelmomenten frühromantischer Werke zu Tage. Bestimmte Fragen zum Phänomen „Wahnsinn", welche im 20. Jahrhundert – nicht erst bei Foucault sondern schon zum Beispiel bei C. G. Jung – gestellt worden sind, wurden in der Zeit der „Romantic Generation" zum ersten Male virulent. Für eine Neuinterpretation gerade Schumanns müssen sie ebenso neu durchdacht werden, wie das schon vor Jahrzehnten im Fall Hölderlins geschah, und dort zu einer völlig neuen Sicht dieses Dichters führten. Die Generation nach Beethoven und Goethe konnte den Konflikt zwischen bewußtseinsbeherrschender Aufklärung und unbewußt wirkenden Kräften der kreativen Phantasie nicht mehr harmonisieren; sie mußte ihn in pathologischen Symptomen austragen. Und ist dieser Konflikt etwa auf die Generation der Romantiker einzugrenzen? Müssen wir ihn nicht heute dechiffrieren als ein erstes Aufleuchten jenes Antagonismus zwischen Natur und Zivilisationsprozeß, zwischen Umwelt und Industrialisierung, welcher unser Jahrhundert beherrscht? Wie Seismographen zeigten die Genies der Romantik die lebensbedrohenden Konflikte der Zukunft an.

Neben Schumann diskutiert Rosen natürlich auch noch andere Figuren der Zeit. Bei Hector Berlioz zum Beispiel diagnostiziert er genau in jenem Punkt eine Ablösung von der europäischen Tradition, in dem Schumann und Chopin noch als an diese Tradition gebunden erscheinen – nämlich in der Frage der Beziehung von Harmonik und melodischer Linie. Die Kühnheit von Berlioz besteht nach Rosen darin, daß er eine Autonomie der Harmonik gegenüber der Linie etabliert. Dies führte Berlioz zu Strukturbildungen, die von konservativen Kritikern immer wieder als „dilettantisch" bezeichnet worden sind, die in Wirklichkeit aber in ihrer artifiziellen Attitude den Boden für Mussorgsky, Debussy und Messiaen bereitet haben.

Der Klassizist Mendelssohn kommt in Rosens Buch am schlechtesten weg. Er fungiert als der „Erfinder des religiösen Kitsches". Hier muß man bedauern, daß die vielleicht gelungensten Stücke Mendelssohns, seine Konzertouverturen, ganz außerhalb der Betrachtung Rosens bleiben. Ihre Analyse wäre der spannendste Beitrag zu Rosens Kapitel „Berge und Landschaften" geworden. Außerdem kann man bereits bei Mendelssohn eine weitere Errungenschaft der Romantiker zeigen, die Rosen erst bei Liszt findet: ich meine eine musikalische Mehrsprachigkeit, eine souveräne Verfügung des Komponisten über verschiedene Stile – die Loslösung also aus der klassischen Identität von Stil und Individuum. Über die positive Bewertung Meyerbeers und Bellinis, wie sie Rosen vornimmt, kann man ebenfalls verschiedener Meinung sein. Viel lieber hätte man an dieser Stelle eine Würdigung der einzigen lebensfähigen Oper aus dem Stilkreis der „Romantic Generation" – sieht man von Berlioz einmal ab – gelesen: Der „Barbier von Bagdad" von Peter Cornelius ist trotz seines relativ späten Entstehungsdatums ganz aus dem Geist dieser Generation geboren und leistet durch seine Übertragung der Ghaselenform auf die Musik einen ganz eigenen Beitrag zur Integration „exotischer" Formen in das europäische Denken. Kein Geringerer als Franz Liszt bewunderte und förderte Cornelius, dessen liebenswürdiges Talent allerdings von dem Koloß Wagner fast erdrückt worden wäre – ein Schicksal, das eine Zeitlang Schumann, Mendelssohn und Berlioz mit ihm teilten.

Das Liszt-Kapitel ist neben den Schumann-Essays der bedeutendste Teil des Buches; ja es ist vielleicht überhaupt die bis heute klügste Würdigung dieses großen Mannes, der ebenso Virtuose wie Dirigent, Komponist wie Bearbeiter, Lehrer wie Kontemplativer war. Rosen entdeckt als das beherrschende Prinzip bei Liszt die Transformation von Klang in Gestus; aus diesem Ansatz entspringt die Quelle von Liszts unermüdlichen Paraphrasierungen eigener und fremder Werke. Rosen diagnostiziert, daß Liszt hierbei gar nicht die Qualität des von ihm paraphrasierten Materials im Auge hat sondern nur dessen Eignung zu einer gestischen Umformung. Liszt kennt weder Verachtung anonymer Musik noch falsche Ehrfurcht vor Meisterwerken – wie seine Don-Giovanni-Paraphrase zur Genüge beweist. Die Lisztschen Paraphrasen sind „written performances", und Rosen spürt als Antrieb für diese Werke „the real sympathy and understanding for another composer's ideosyncrasy". Unaufhörlich fließen bei Liszt die Erfahrungen seiner eigenen Interpretenarbeit zurück in sein kompositorisches Schaffen; sie führen zu vielen verschiedenen Ausformungen gleicher Ideen und letzten Endes zu der Einsicht, daß zwischen schöpferischer Interpretation und Komposition ein fließender Übergang besteht. Auch hier hat Rosen, ohne das allerdings jemals auszusprechen, einen Aspekt herausgearbeitet, der essentiell für das Verstehen der Musik unseres Jahrhunderts ist, in dem eine ganz neue Gattung von Musik entstanden ist, welche man als „Musik über Musik" bezeichnet hat.

Obwohl Rosens Buch selbst nicht den geringsten Versuch macht, irgendeine Beziehung zur Moderne herzustellen, führen seine Thesen, wenn man sie weiterdenkt, auch zu einem veränderten Blick auf das 20. Jahrhundert. Wir erkennen plötzlich, daß manche „orthodoxen" Anschauungen der Avantgarde auf den gleichen Voraussetzungen beruhen wie die bisherige Unterbewertung der „Romantic Generation" gegenüber der Klassik. Verhält sich nicht die zweite Generation der Moderne – Messiaen, Scelsi, Cage – trotz ihrer Uneinheitlichkeit ähnlich heterodox zur zweiten Wiener Schule, wie sich die Romantiker zu den Klassikern verhielten? Wird nicht im Stil-Pluralismus Messiaens, in der Radikalisierung des musikalischen Augenblicks bei Cage, in der totalen Amalgamierung von Linie und Harmonik bei Scelsi die Revolution der Romantiker weitergeführt? Und ist hier nicht die – von der ersten wie der zweiten Wiener Schule durch Systematisierung vorübergehend beruhigte – Fortschrittsbewegung in ihren wahren Konsequenzen neu aufgenommen und radikal fortgeführt worden? Die gewohnten Perspektiven auf die geschichtlichen Vorgänge beginnen zu verschwimmen.

Man könnte nach den hier ausgebreiteten Gedanken auf die Idee kommen, es ginge darum, die Klassik gegenüber der Romantik abzuwerten beziehungsweise die Schönberg-Schule gegenüber jüngeren Strömungen der neuen Musik für weniger wichtig zu erklären. Diese Vermutung wäre allerdings ein totales Mißverständnis. Man sollte vielmehr in dem, was hier „klassisches" beziehungsweise „anti-klassisches" Denken heißt, die beiden Grundtendenzen jeder Art von Musik wiederfinden: die Tendenz zur Makroform, zur Peripherie, und die komplementäre Tendenz zur kleinsten Einheit, zum konzentrierten Augenblick. Gelungene Musik hat immer ein Gleichgewicht zwischen diesen Polen gefunden; und Komponieren ist immer eine Art Ringkampf zwischen ihnen. Stets von neuem muß sich der menschliche

Geist aus den Stricken überkommener Ordnungssysteme befreien. Doch kaum fühlt er sich frei, scheint er kein wichtigeres Ziel zu kennen, als sich neue zu erfinden. Klassik und Romantik als geschichtliche Konkretisierungen der Pole „architektonische Zeitgestaltung" und „Erlebnis des gegenwärtigen Augenblicks" sind begreifbar als „gegenstrebige Fügung": ihre Gegensätze sind nicht gegeneinander aufzurechnen; sie tragen einander. Gefährlich wäre lediglich die bewußte Isolation eines der beiden Pole. Und wenn wir in die aktuelle Musikszene schauen, so erkennen wir, daß es sich bei unseren Überlegungen keineswegs um bloß historische Probleme handelt. Auf der einen Seite begegnet man Musikformen, die sich derart dem rechnerischen Kalkül beziehungsweise der programmierten Systematik des Computers ausliefern, daß die entstehenden Gebilde jede Beziehung zu organischem Zeiterleben einbüßen und in einer perfekten Eiseskälte erstarren. Auf der anderen Seite tobt sich die Popkultur in ungehemmtem Irrationalismus aus und produziert Lärm anstelle von Vitalität, Gefühlskitsch anstelle von natürlichem dynamischem Fluß der Empfindungen.

So trifft das Fragment Friedrich Schlegels, das Rosen als Motto für sein Buch benutzt, auch heute noch gleichermaßen Komponisten wie Interpreten und Musikologen: „Es ist gleich tödlich für den Geist, ein System zu haben, und keins zu haben. Er wird sich also wohl entschließen müssen, beides zu verbinden."

III.

Freiheit und Systeme

*Rede zum 100. Geburtstag Paul Hindemiths
in der Frankfurter Paulskirche*

I.

Die Situation des Komponisten in unserer Gesellschaft ist in den letzten fünfzig Jahren schwieriger geworden. Nahm während der ersten Jahrhunderthälfte noch eine breite Öffentlichkeit regen Anteil an den neuen Wegen, welche die Musik einschlug, so orientiert sich die heutige Kulturpflege immer mehr an der allgemeinen, kommerziell noch angeheizten Fluchtbewegung in vergangene Jahrhunderte, verliert dabei jegliche Vitalität und schenkt den reproduzierenden Künstlern unvergleichlich mehr Aufmerksamkeit als den wenigen Musikern, die aus dem Wandel der Zeiten schöpferische Konsequenzen ziehen. Musik ist ja nicht irgendein unterhaltsamer Luxus, sondern sie leistet, wie die anderen Künste, wie Philosophie und Wissenschaft, ihren eigenen und durch nichts zu ersetzenden Beitrag zu jenen beiden großen Bewegungen, die unser Jahrhundert durchziehen: zur Entwicklung des autonomen Ich auf der einen Seite, und auf der anderen Seite zu jener neuen und bewußten Hinwendung auf das Geschichtliche, wie wir sie gegenwärtig auch in der Philosophie, in der Anthropologie und in der Psychologie beobachten. Diese Hinwendung des nun mündig gewordenen Ich zu den Quellen: zu Mythos und Geschichte, ist ebenso Thema der Kunst unseres Jahrhunderts wie die Tendenz der Avantgarde zu immer weiterer Ausdifferenzierung und Selbstbezüglichkeit.

II.

Paul Hindemith hat sich Zeit seines Lebens Gedanken über die Situation der Musik seiner geschichtlichen Gegenwart gemacht. Er war nie nur ein Komponist im Sinne eines Schreibtischarbeiters, er war von Jugend an eingebunden in den Prozeß der lebendigen Vermittlung von Musik – zunächst als Konzertmeister des Frankfurter Museumsorchesters, dann als bekannter Bratschensolist und Kammermusikspieler, endlich in zunehmendem Maße auch als Dirigent. Diese praktischen Tätigkeiten wurden durch musikhistorische Forschungen ergänzt, die immer wieder in Bearbeitungen und eigenen Aufführungen alter Musik gipfelten. Wichtiger noch waren für ihn seine Bemühungen um die aktuellen theoretischen Probleme der Komposition, welche die Grundlage bildeten zu seiner Tätigkeit als Kompositionslehrer: zunächst als Professor in Berlin, später in Amerika nach der erzwungenen Emigration als, wie es damals hieß, „jüdisch-versippter Kulturbolschewist" und „entarteter Künstler", im letzten Lebensjahrzehnt noch an der Universität Zürich. Darüber hinaus suchte Hindemith, obwohl von Hause aus nichts weniger als ein Intellektueller, sich in philosophische Haltung einzuüben, seine Kunst in einem größeren Zusammenhang zu begreifen und sie mit einem Höchstmaß an Verantwortung auszuüben. Mitten im Zeitalter der Spezialisten lebte also Paul Hindemith dem Ideal eines Universalisten nach.

Gleichzeitig muß man jedoch konstatieren, daß Hindemiths Werk und noch mehr seine theoretischen und philosophischen Äußerungen voller Probleme und voller ungelöster beziehungsweise unlösbarer Widersprüche stecken. Er, dem zu Lebzeiten Weltgeltung und Anerkennung beschieden waren, der schon in jungen Jahren Werke schaffen durfte, welche ins Repertoire eingingen, und der Ende der Zwanziger Jahre und noch einmal für eine sehr kurze Zeit nach dem Zweiten Weltkrieg ein Idol der Jugend war, hatte in seinem letzten Lebensjahrzehnt keinerlei Einfluß mehr auf die aktuelle Musikentwicklung; und so ist es bis heute geblieben. Er, der als Bürgerschreck und Revoluzzer begann, endete als Anti-Modernist und Neuromantiker – und das sowohl nach eigener Einschätzung wie auch im Urteil seiner Gegner.

Sein bedeutendster Gegner – fast möchte man sagen: sein Gegner schlechthin – war der zweite große Musiker, den Frankfurt in diesem Jahrhundert hervorgebracht hat (welch reiche Ernte für eine Stadt!). An der Hindemith-Kritik Theodor Adornos vorbeizugehen, ist unmöglich; sie widerlegen zu wollen, sinnlos: denn Adorno formuliert nur bündig die in Hindemiths Werk zutage tretenden Widersprüche. Es ist auch falsch, in Adornos oft heftiger Polemik Ranküne oder gar Denunziation zu wittern. Adorno ist, wenn er über Hindemith urteilt, nicht objektiver Kritiker sondern Partei; er spricht als Vertreter der Zweiten Wiener Schule, gegen die wiederum Hindemith ein Leben lang mit harten Bandagen gekämpft hat. Ich gestehe offen: Hätte ich vor dreißig Jahren, zwei Jahre nach Hindemiths Tod und drei Jahre vor dem Tode Adornos, die Aufgabe gehabt, über Hindemith zu reden – ich hätte keine andere Möglichkeit gesehen, als mich voll auf die Seite der Adorno'schen Kritik zu stellen. Um wirklich zu verstehen, warum sich heute die Dinge etwas anders darstellen, müssen wir den ganzen Bogen der Entwicklung des kompositorischen Denkens in unserem Jahrhundert abschreiten. Das wird Zeit und Mühe kosten, aber es ist der einzige Weg, sich der Figur Hindemiths zu nähern, hinter deren scheinbarer Geradlinigkeit und Simplizität sich eine Fülle komplizierter Probleme verbergen.

Adorno ist nie ganz mit Hindemith „fertig" geworden. Es kann ja kein Zufall sein, daß er immer wieder über ihn schrieb – zuletzt in seinem eigenen Todesjahr, während er zum Beispiel über Richard Strauss, der ihm doch aesthetisch und erst recht politisch viel mehr Angriffsfläche bot, kaum ein kritisches Wort verlor. Der Gegensatz Hindemith/Adorno ist nicht zu vermitteln; er gründet tiefer als in den aesthetischen Positionen beider Protagonisten. Wir müssen ihn als ein geschichtliches Faktum zur Kenntnis nehmen; er wird uns für die Dauer dieser Überlegungen im Hintergrund unseres Bewußtseins begleiten und uns zu eigenen Reflexionen herausfordern. Denn weder die Position Hindemiths noch die Position Adornos sind Antworten auf die Fragen, die uns heute bedrängen. Sie sind Geschichte. Geschichte kann uns die Mühen der eigenen Problemlösung niemals abnehmen. Ich bin vielmehr der Überzeugung, daß wir geschichtliche Vorgänge nur aus einer bewußt ergriffenen eigenen Position heraus verstehen können. Geschichte muß immer wieder neu interpretiert werden, und diese Interpretation ist Teil des schöpferischen Prozesses der Gegenwart.

III

Um das komplizierte und widerspruchsvolle Verhältnis Hindemiths zur Avantgarde dieses Jahrhunderts zu verstehen, müssen wir ebenso die Persönlichkeit Hindemiths wie auch die Grundlinien der Avantgarde zu beschreiben versuchen. Beginnen wir mit der Frage, welchem psychologischen Typus Hindemith zugehörte. Als junger Student und Repetitor assistierte ich Hindemith des öfteren, insbesondere bei der Einstudierung der Neufassung seiner Oper „Cardillac". Er war ein eindrucksvoller Dirigent, völlig unkonventionell in Gestik und Auftreten. Ich erinnere mich an eine Aufführung der 4. Sinfonie von Bruckner, die ich so weder vorher noch nachher gehört habe: Hindemith brachte einen sonst meist verdeckten Aspekt zum Vorschein, nämlich den des bäuerlich Derben, ja Archaischen. Mit seiner eigenen Musik ging er, wie manche Komponisten, etwas sorglos um. Insbesondere war es ihm langweilig, die vielen für die Streicher schwierigen Stellen zu proben oder gar die notwendigen dynamischen Retuschen vorzunehmen, welche seine oft spröde Instrumentation erforderlich macht. Sehr gerne dagegen dirigierte er Bach und Mozart, Bruckner und Reger.

Unvergeßlich ist mir eine Szene während einer Probe für die C-Dur-Suite von Bach. Hindemith hatte einen Bogenstrich für die zweiten Violinen angesagt, diese Ansage, da sie nicht überall beachtet worden war, auch wiederholt. Beim nächsten Durchspielen der Stelle war die Sache immer noch nicht klar. Hindemith brach ab, und es lösten sich einige Laute aus der Kehle dieses sonst so freundlichen alten Herrn, welche das gesamte Orchester erstarren und automatisch in jener Spielposition an der äußersten Stuhlkante einrasten ließ, die adäquat für konzentrierte Leistung ist. Diese Laute Hindemiths – sie waren kaum als tadelnde Worte zu identifizieren; ihr Inhalt war gar nicht wichtig. Es handelte sich vielmehr um eine Art von Gebell, ähnlich dem, das ein Wachhund ausstößt, wenn er seine Schafherde zur Ordnung ruft; es kam aus jener Körperregion unterhalb des Nabels, in der das Willenszentrum sitzt, die von den Japanern als „hara" bezeichnet wird. Es war die unmittelbare Übertragung eines Willensimpulses ohne jede Beteiligung des Kopfes, ohne Reflexion oder gar pädagogische Taktik. In diesem Moment verstand ich blitzartig den Typus Hindemith: genauso, mit dieser unmittelbar zupackenden, durch Reflexion nicht verfeinerten Kraft zog Hindemith auch seine Kompositionen ins Dasein. Alle seine Stücke springen den Hörer auf diese Weise an; immer sind die ersten Takte eines Stückes stark und lebendig, noch nicht belastet durch jene Problematik von Stil und Technik, welche der Hörer dann im Verlauf der zeitlichen Entfaltung der Form empfinden mag.

Die taoistische Philosophie des alten China bezeichnet die Pole des geistigen Getriebes durch die beiden Symbole „Blei" und „Quecksilber". „Blei" würden wir in unserer heutigen Sprache mit Instinkt, Kraft des Unbewußten übersetzen; „Quecksilber" entspricht der Energie der Reflexion und der ordnenden Logik. Die alten Chinesen beschrieben den geistigen Reifungsprozeß als allmähliche gegenseitige Durchdringung dieser beiden Kräfte: das Blei muß verflüssigt werden, das Quecksilber zu einer festen Konstellation gerinnen, dann ist die Vollendung da – die allerdings nur wenige Menschen erreichen.

Hindemith war ganz ohne Zweifel von Natur aus ein Mensch des „Blei". Lebenslang bemühte er sich, sein instinktives Musizieren immer bewußter durchzuführen. Adorno erscheint hier deutlich als Gegentyp: mit dem „Quecksilber" seiner luziden und überhellen Reflexionskraft drang er, in ebenfalls lebenslangem Bemühen, immer tiefer in die Erlebnissphäre von Musik ein und beschrieb sie, wie niemand vor ihm Musik beschrieben hat. Hindemith war also gerade kein zerebral bestimmter Musiker; und wir können seinen Konflikt mit der Avantgarde schon jetzt etwas besser verstehen, wenn wir konstatieren, daß bei den Komponisten der Avantgarde eben der reflektierende Typus dominierte. Die Intellektuellen-Hetze des Dritten Reiches, die nie ganz aus den deutschen und vor allem den österreichischen Feuilletons verschwunden ist und, begünstigt durch politische Klimaverschiebungen, zur Zeit wieder Konjunktur hat, machte sich diesen Umstand ja auch weidlich zunutze. Nun muß man sich hüten, den instinktiven Pol – das Blei – gegenüber dem quecksilbrigen Bewußtsein prinzipiell abzuwerten; kein Kunstwerk wird ohne die Beteiligung beider Pole entstehen. Die Frage ist, wie ein Künstler seine Kräfte balanciert und in Beziehung zueinander setzt. Und hier ist zu diagnostizieren, daß Hindemith zu dem Typus des „euphorischen Aktivisten" gehörte, wie ihn Gerhard R. Koch in einem schönen Essay beschrieben hat. Dieser Typus ist immer in der Gefahr, vor der oft unangenehmen Selbstreflexion in ein Übermaß an Arbeit und Produktion auszuweichen – ganz im Gegensatz zu seinem nachdenklich-melancholischen Bruder, der manchmal seine Selbstkritik bis zur Selbstlähmung treibt oder gar, wie Edgar Varèse, die Werke vieler Jahre dem Feuer übergibt. Der aktivistische Musikertyp wird auch mehr zur Arbeit auf dem Podium, zur Erfahrung des „Machens" von Musik tendieren als der passiv-kontemplative. Erfahrung von Musik in der Aktivität des Hervorbringens unterscheidet sich grundlegend von der Erfahrung des Betrachtens von Musik. Aristoteles stellt der Analyse die Topik gegenüber. Ist Analyse die Auflösung eines geschürzten Knotens, so zielt Topik auf Orientierung in einem unbekannten Gelände. Betrachtung von Musik mündet in die Analyse; der reflektierten Praxis entspricht die Topik. In der sonst so umfassenden Musikdarstellung Adornos fehlt charakteristischerweise die Reflexion auf die Differenz dieser beiden Erfahrungsebenen. Musiker des kontemplativen Typs sind oft geneigt, die Erfahrung der musikalischen Aktivität – und das meint keineswegs nur die Erfahrung des fröhlichen Musikanten sondern auch die alle Kräfte aufs äußerste spannende harte Mühe der professionellen Darstellung – an die zweite Stelle zu setzen und das Erkennen ideologisch zu verklären. Beim aktiven Musikertyp entspringt wiederum die Übung von Theorie und Pädagogik, wie man es bei Hindemith gut beobachten kann, einem kompensierenden, einem sekundären Antrieb; sie dient letztlich dazu, das „Blei" zu schmelzen, die zunächst instinktiv geübte Praxis bewußt zu machen; der Eigenwert einer Zusammenschau wird nicht gesehen.

IV

Selbstverständlich kann man einer künstlerischen Individualität nicht gerecht werden, wenn man sie ausschließlich
auf ihren Typus reduziert. Unsere Aufgabe ist es also jetzt,
in einem zweiten Schritt Hindemiths Verhältnis zu seiner
geistigen Umwelt zu betrachten – das heißt sein Verhältnis
zum traditionellen Musikbetrieb auf der einen und zur
Avantgarde auf der anderen Seite.

Wenn wir versuchen, den Kern dessen zu benennen, was
bald nach der Jahrhundertwende in den frühen Werken
Schönbergs und Weberns als „Neue Musik" in einem zuge-
spitzten Sinne erschien, müssen wir von der Manifestation
einer radikalen Erfahrung von Freiheit sprechen. Freiheit
zunächst als Befreiung von alt und morsch gewordenen Re-
gelsystemen, welche ihre Eindeutigkeit und ihre normative
Kraft in einem langen geschichtlichen Prozeß eingebüßt
hatten; Freiheit aber darüberhinaus als freie Setzung, als unmittelbaren Abdruck von Individualität. Ungeheures hatte
sich angesammelt, das zur musikalischen Sprache werden
wollte. Es war mit den alten Systemen des Komponierens
nicht auszudrücken. Größere Komplexität der Erfahrung
verlangte größere Komplexität der musikalischen Sprache.
So waren die Neuerer gezwungen, den bisher radikalsten
Bruch mit der ehrwürdigen Kunstgeschichte des Abendlandes zu vollziehen; so mußten sie den Grund legen für eine
aesthetische Emanzipationsbewegung, die sich dann über
Jahrzehnte und in mehreren Stufen entfaltete, bis sie sich in
all ihren Konsequenzen voll darstellen konnte. Diese Bewegung ist die einzige, welche im Kontext der europäischen
Musikgeschichte die Bezeichnung „Revolution" wirklich
verdient, denn sie wälzte unaufhaltsam alle Grundlagen des
musikalischen Bewußtseins um.

Dabei fällt auf, daß die kühnsten Pioniere der Neuen Musik, eben Schönberg und Webern, in ihrer äußeren Attitüde

nichts von Revolutionären an sich hatten. Webern liebte im Leben wie in der Kunst Stille und äußerste Zurückgezogenheit; und Schönberg litt eher unter seiner Propheten-Rolle, als daß er sie genoß, wie viele seiner Aussprüche belegen. Das Bewußtsein war stark, in eine neue Dimension der Musik eingetreten zu sein. Die heftigen Gegenreaktionen und die häufigen Skandale waren keineswegs erwünscht. Bekanntlich gründete Schönberg die „Gesellschaft für musikalische Privataufführungen", welche ungestörte und von Öffentlichkeit wie Kritik abgeschirmte Begegnungen mit neuen Musikformen ermöglichen sollte. Das signalisierte auch eine Ablösung vom „aesthetischen Apparat", vom Musikbetrieb in seinen traditionellen Formen.

Ganz anders der junge Hindemith. Wie erwähnt, war Hindemith schon in sehr früher Jugend in eben diesen aesthetischen Apparat eingebunden. Solche, alle Konzentration verlangende Tätigkeit schließt für die Zeit ihrer Ausübung jede kritische Reflexion auf die eigenen Voraussetzungen aus – der Artist stürzt ab, wenn er denkt. Sorgt er nicht früh für Zeiten absoluter Enthaltung vom Betrieb, so kann es geschehen, daß er verlernt, zu wirklich grundlegenden Voraussetzungen eben dieses Gefüges Fragen zu stellen; er hat die Gesetze des Betriebes verinnerlicht.

Hindemith betritt die Bühne mit tiefer Lust an Provokationen, mit Parodien, Stilmixturen, mit Freude an Schock, Überraschung und Knalleffekt. Genau zur gleichen Zeit, als Schönberg aus der ersten Phase der Freiheit zur zweiten Phase einer neuen Systematisierung vordringt und die Methode zur Komposition mit 12 Tönen fixiert, probt Hindemith den Aufstand und die Anarchie. Unter der Oberfläche der anti-aesthetischen und anti-bürgerlichen Attitüde Hindemiths verbergen sich jedoch die Rituale der aus dem Sturm und Drang geborenen bürgerlichen Kunst. Das Selbstverständnis der großen Künstler dieser Epoche verlangte, die eigene Individualität durch kühne, quasi revolutionäre Akte zur Darstellung zu bringen. Von C. Ph. E. Bach bis Beethoven, von Schumann bis Wagner gehört der Kampf gegen die „Philister" ebenso zum Ritual wie die Einsamkeit des schaffenden Genies. Bei der Schoenberg-Schule fehlen genau diese Rituale; es handelte sich hier nicht nur um den Selbstausdruck besonders kühner Individualitäten sondern auch um den Vorstoß in eine neue, komplexere Denkform. Diese Denkform ist geprägt durch eine radikale Erfahrung von Freiheit, die im gleichen Impuls eine völlig neuartige Form musiksprachlicher Systematik hervorbringen mußte. Beides überstieg die Grenzen der bürgerlichen Musikkultur, ihre aesthetischen Normen ebenso wie ihre Modelle von festlicher und geselliger Kommunikation; beides zielte auf eine Selbsterfahrung durch Kunst in bisher nicht gekannter Tiefe.

Selbstverständlich beruft sich auch der junge Hindemith auf die Freiheit; aber es ist die alte Freiheit, welche zwar kühn, auch spöttisch und frech mit den ererbten aesthetischen Normen umgeht, diese aber im Kern nicht antastet, und vor der Radikalität eines neuen musikalischen Weltbildes zurückscheut wie ein Pferd vor dem Abgrund. Es wäre reizvoll, anhand von Analysen der frühen Werke Hindemiths nachzuweisen, wie Hindemith zwar Sprengsätze sowohl von Schönberg und Berg wie auch von Debussy und Strawinsky in sein Werk übernimmt, diese aber im gleichen Moment sozusagen entschärft und einschmilzt. Sie werden in einen stilistischen Untergrund versenkt, der eine bestimmte, typisch deutsche Traditionslinie bewahrt, nämlich die von Brahms ausgehende, zu Reger führende, den frühen Strauss streifende Linie. In seinem Kern erweist sich Hindemith von Anfang an als Traditionalist; folgerichtig definiert er dann etwas später in seinem theoretischen Hauptwerk „Unterweisung im Tonsatz" das System einer erweiterten Tonalität. Die alte europäische Musikordnung wird zwar reformiert, aber an ihren Grundlagen wird nicht

gerüttelt. Für Hindemith mündete das Denken der Zwölf-
tonmusik in Willkür; er konnte und wollte die Konsequenzen dieses in der Tat ja auch ungeheuerlichen Schrittes
nicht akzeptieren. Er spürte sehr genau, daß Schönberg nur
den ersten Schritt auf einem Wege getan hatte, der letztlich
zur Auflösung des gesamten europäischen Kunstbegriffs
führen mußte. Und darin allein ist der Grund für die Polemik Hindemiths zu suchen.

Diese Polemik kann nur als peinlich bezeichnet werden,
denn Hindemith bewegte sich argumentativ und oft auch
sprachlich auf einem Niveau, das seinem Gegenstand nicht
gewachsen war. Natürlich setzt hier die Kritik Adornos an,
und sie hat im Grunde leichtes Spiel. Die verzweifelte Su-
che Hindemiths nach Elementen, welche die Kontinuität
des europäischen Kunstbewußtseins für die Moderne retten
könnten, trieb ihn als Theoretiker zu einem kurzgeschlos-
senen, fast fundamentalistischen Denken, das für Adorno
nichts anderes sein konnte als eine Analogie dessen, was er
als Philosoph am meisten haßte: neu beschworene Ontologie, Invariantenlehre, Verwechslung von Naturgesetzlich-
keit und geschichtlicher Setzung. Hindemith hat diese Polemik auch nach dem Kriege fortgesetzt, zu einer Zeit, als
der Siegeszug der so lange unterdrückten Zweiten Wiener
Schule schon in breiter Öffentlichkeit sichtbar war. Das
weist darauf hin, daß es sich bei dieser Polemik im Tiefsten
um einen verzweifelten Akt der Selbstverteidigung handelte. Hindemith spürte die innere Folgerichtigkeit der Schönberg-Schule wohl sehr genau, ja er spürte die für einen Traditionalisten katastrophalen Implikationen des neuen
Denkens wahrscheinlich viel tiefer als mancher bloße Mit-
läufer der Wiener Schule.

V

In der Tat setzte sich der Schönbergsche Gedanke auf einer zweiten Stufe noch radikaler fort. Olivier Messiaen übertrug die Idee der „Reihe" von den Tonhöhen auf den Rhythmus und zerstörte damit die metrische Ordnung der alten Musik in gleicher Weise, wie Schönberg die Tonalität destruiert hatte. Nun ist die zeitliche Ordnung für die Wahrnehmung von Musik noch fundamentaler als die klangliche; solange ein fester, gleichbleibender Taktschlag eine stets erkennbare Symmetrie der Gestalten garantiert, kann der Hörer in der so entstandenen Perspektive musikalische Gegenstände relativ leicht identifizieren; fehlt aber dieser regelmäßige „Beat" – Messiaen sagte einmal, für ihn sei das Geistloseste in der Musik ein gleichbleibender Taktschlag –, so wird dem Hörer eine ganz neue Aufmerksamkeit abverlangt. Nach diesem Impuls Messiaens, der von seinen beiden genialen Schülern Boulez und Stockhausen weiterentwickelt und zur Reife gebracht wurde, waren erst die Voraussetzungen dafür geschaffen, alle Elemente der Musik systematisch quantitativ zu erfassen. Es wurde damit begonnen, ein hierarchisch geordnetes Zeichensystem zu definieren.

In dieser Konsolidierungsphase der Avantgarde läßt sich aber auch bereits eine gewisse Verhärtung feststellen, ein Hang zum Dogmatisieren, ein ungeschminkter Positivismus im Umgang mit den musikalischen Elementen. Es entstand so etwas wie ein parteikader-ähnliches Elitegefühl. Hier ist die Avantgarde, welche die einzig richtige Konsequenz aus dem historischen Fortschritt zieht; wer hinter dieser Entwicklung zurückbleibt, wer 1960 noch so komponiert wie 1952, ist als Komponist nicht diskutabel. Diese im Grunde naive und unmenschliche Devise vom linearen Fortschritt ist eine faule Frucht vom Baum der seriellen Erkenntnis. Sie reflektiert weder die Differenz zwischen der allgemeinen Entwicklung und der Entwicklung des Einzelnen noch die einfache Tatsache, daß Umwälzungen im Bereich der Kunst niemals wie naturwissenschaftliche Erkenntnisse betrachtet werden dürfen; sie sind nicht auf die Ratio beschränkt, sondern wirken in seelische Tiefenschichten hinein. Deswegen ist jeder echte künstlerische, philosophische, religiöse Fortschritt immer chaotisch, immer nichtlinear. Er bewegt sich auf einer Zick-Zack-Linie. Er erzeugt nicht nur ähnliche, dem Fortschritt entsprechende Gestalten, sondern ruft auch kompensierende, gegenläufige Gebilde hervor. Heute, mitten in der ökologischen Krise, wissen wir viel mehr über die Ambivalenz jeden Fortschritts. Da künstlerische Phänomene immer auch strukturelles Abbild der gesellschaftlichen Phänomene sind, ist uns heute weder im Bereich der Wissenschaft noch gar im Bereich der Kunst die Naivität gestattet, an einen Fortschritt lediglich durch Steigerung der rationalen Kontrolle zu glauben.

Äußerst aufschlußreich ist es zu bemerken, daß Olivier Messiaen, nachdem er den Anstoß für die zweite Stufe der „Rakete Avantgarde" gegeben hatte, sich äußerlich von dem seiner künstlerischen Entwicklung nun nicht mehr entsprechenden Rationalismus der Darmstädter Schule lossagte. Die Musik der Avantgarde war vorübergehend sozusagen kristallisiert, sie hatte anorganischen Charakter angenommen. Messiaens Idee aber war die Konfrontation von quasi anorganischen Feldern mit organischen Gestalten, wie er es zuerst in seinem „Catalogue d'Oiseaux" realisierte: in durch serielle Technik gestalteten Felslandschaften singen seine Vögel ihre sich organisch-chaotisch entwickelnden Lieder.

Messiaen war ein Abweichler wie Hindemith, allerdings mit einem entscheidenden Unterschied: Messiaen entschärfte nicht die Elemente der Avantgarde, wie Hindemith es tat, er glich nicht aus oder an, sondern er konfrontierte

111

ohne dialektische Vermittlung neueste mit alten Sprachele-
menten und erzeugte so eine ganz neue Qualität von
Schock und Faszination. Auch ist bemerkenswert, daß Messiaen in seinem theoretischen Hauptwerk „Technique de
mon langage musical" seine Verfahrensweise als Privatsprache darstellt, und nicht, wie Hindemith, als eine aus Natur-
gesetzen abgeleitete objektive Wahrheit. Von erhellender
Paradoxie ist die Tatsache, daß uns heute gerade Hindemiths Theorie als „Privatsprache" im Sinne von Unver-
bindlichkeit erscheint, während Messiaens Technik ihren
Vorbildcharakter für eine Verbindung heterogener Materialien in einer aesthetisch offenen oder, wie man heute gerne
sagt, „postmodernen" Welt immer mehr enthüllt.

VI.

Der Rationalismus der seriellen Schule wurde nun sehr bald
zwar nicht durch Messiaen aber durch John Cage in seine
Krise und damit de facto in seine dritte und letzte Phase geführt. John Cage brach mit der Idee vom geplanten und gebauten Werk überhaupt; er setzte an die Stelle der Konstruktion den Zufall und an die Stelle der Empfindung die
spontane Aktion. Damit war nun genau das eingetreten,
was Hindemith einst in einer völlig unzutreffenden Polemik der Schönberg-Schule vorgeworfen hatte: Willkür und
Zufall wurden zum System der Komposition, und zwar im
buchstäblichen Sinn des Wortes.

Was ist das eigentliche Skandalon bei Cage? Ich denke
heute, daß er es war, der uns – indirekt, durch die Erfahrung
seines Werkes, nicht durch seine verbalen Äußerungen – ge-
lehrt hat zu begreifen, daß alle systematische Ordnung in
der Gegenwartskunst freie Setzung des Individuums ist, die
auf einer nicht hinterfragbaren aesthetischen Vorentschei-
dung beruht. Ohne den Bezug auf systematische Ordnung

kann sich auch die reichste künstlerische Phantasie nicht verständlich mitteilen; die Ordnung selbst gehört aber schon zur freien Schöpfung des Individuums.

Dem entsprechen auch neuere Erkenntnisse der Hirnforschung. Der Nobelpreisträger Gerald Edelmann sagte 1995 in einem Interview: „Das Gehirn funktioniert nach dem Prinzip der natürlichen Selektion. Das ist die Grundlage der Individualität. Die Auswahlverfahren der Nervenzellverbände eines bestimmten Organismus sind nicht identisch mit denen eines anderen Organismus." Wenn das so ist, müßte es die tiefste Erfüllung jedes menschlichen Individuums sein, ein nur ihm eigenes Bild von der Welt in einer nur ihm eigenen Sprache ausdrücken zu können. Die großen Sprachen der Hochkulturen, zu denen ja auch die bisherige, aus regelmäßiger Metrik und Tonalität aufgebaute Musiksprache Europas gehört, wären demgegenüber als Setzungen eines kollektiven Unbewußten interpretierbar.

Glaubte Hindemith an eine naturgesetzliche Basis aller künstlerischen Formen, und glaubt Boulez an die absolute Geltung der Gesetze der Logik und der Zahlen, so konfrontierte uns Cage mit dem Zufall: Und siehe da, dieser Schock war es, welcher die große Emanzipationsbewegung der radikalen Moderne an ihr Ziel führte. Die Erfahrung Cage zeigt, daß weder Naturgesetz noch Ratio die Kunst begründen. Nur die Ausgesetztheit in der Wüste der totalen Freiheit, die der autonome Mensch als Erfüllung und gleichzeitig als Albtraum erlebt, führt uns zu jener letzten Anstrengung der Selbstversenkung, welche uns endlich unsere eigene Sprache finden lassen kann. Hier helfen uns weder Logik noch Instinkt, weder Dialektik noch Ontologie. Künstlerische Schöpfung ist Individuationsbewegung. Adorno schreibt in der „Aesthetischen Theorie" den Satz: „Die adäquate Haltung von Kunst wäre die mit geschlossenen Augen und zusammengebissenen Zähnen." Der Ort, an dem das autonome Ich zu sich selbst findet, ist das tiefste existentielle

Dunkel. Eine Freiheit, die sich lediglich als lustvoll-unverantwortliche Anarchie versteht – wie es die gängig-populäre Vorstellung von Postmoderne suggeriert – hat noch nicht einmal die Oberfläche der wirklichen Freiheit berührt.

Es ist evident, daß nach dieser Erfahrung die Idee des Fortschritts, welche die Avantgardebewegung unseres Jahrhunderts trug, ebenso aufgehoben ist wie die Tabuisierung bestimmter kompositorischer Verhaltensweisen, die lange Zeit als regressiv gebrandmarkt wurden. Die Avantgardebewegung stellt sich plötzlich als erste Phase einer viel umfassenderen Bewegung zur Freiheit hin dar, als eine erste Phase, die natürlicherweise darauf bedacht sein mußte, sich von den aesthetischen Gesetzen der vergangenen Zeiten radikal abzuheben. Nach Erreichung dieses Zieles heißt nun die neue Aufgabe: bewußte Koexistenz mit der Geschichte. Sie wird genau in dem Augenblick lebensnotwendig für die Komponisten, in dem die Entwicklung von Privatsprachen zur einzigen Ausdrucksmöglichkeit der schöpferischen Individualität geworden ist. Privatsprachen können sich überhaupt nur durch einen freien Bezug zur Kollektivsprache bilden. Diese Koexistenz bedeutet weder bruchlose logische Vermittlung noch schwammiges Verwischen von Gegensätzen sondern Ertragen von Differenz und Widerspruch. Die entstehende Harmonie muß eine gegenstrebige Harmonie sein, um ein Wort von Heraklit zu gebrauchen.

Wenn ein heranwachsender Mensch sich von seiner Mutter löst, wird er sich normalerweise nicht gänzlich von ihr entfernen, sondern im Gegenteil ein neues, von Abhängigkeit freies Verhältnis aufzubauen suchen. Den Vater muß man nicht unbedingt ermorden, um sich gegen ihn zu behaupten. Die Tonalität ist nicht einfach weg, ausgelöscht – genausowenig wie die Ontologie in der Philosophie, genausowenig wie alle anderen Bilder und Kräfte der Vergangenheit, welche den Menschen in seiner Geschichte erst zum Menschen haben werden lassen, indem sie sein Bewußtsein hervorbrachten. Wir müssen zum jetzigen Zeitpunkt der menschlichen Geistesentwicklung lernen, eine Koexistenz des modernen Bewußtseins mit den Mythen, mit den alten Denkformen der Hochkulturen zu finden, um produktiv damit umgehen zu können; sonst werden wir entweder von der Skylla eines regressiven Fundamentalismus oder von der Charybdis einer leerlaufenden Fortschrittsideologie verschlungen. Freiheit heißt also auch, Geschichte neu verstehen zu können. Jetzt erst verkraften wir den Gedanken ganz, daß Erinnerung von Vergangenheit nicht das Abrufen gespeicherter Informationen bedeutet sondern schöpferische Neudeutung. Deswegen ist ja auch musikalische Interpretation in Wirklichkeit nicht möglichst perfekte Darstellung eines Textes, sondern Neuschöpfung aus dem Geist der eigenen Gegenwart. Hören wir dazu noch einmal den Hirnforscher Gerald Edelmann: „Wir bilden uns dauernd neue Begriffe von der Welt. Nicht nur die Wahrnehmung, auch das Gedächtnis und die Erinnerung sind damit zugleich schöpferische Prozesse, die ständigen Veränderungen unterworfen sind. Wenn wir uns an etwas erinnern, stellen wir es uns aktiv vor, damit wird Erinnern zur Imagination." In jeder künstlerischen Privatsprache kann deswegen auch geschichtlich geprägte Form als Material für unvorhersehbar Neues dienen.

So können und sollten auch geschichtliche Figuren nach einer gewissen Zeit wieder neu verstanden und gedeutet werden. Hindemiths Protest gegen die Avantgarde weist zur Zeit der Hochblüte der Fortschrittsidee auf das hin, was vorübergehend an musikalischen Qualitäten aus dieser Avantgarde verschwunden war. Bevor die Möglichkeiten einer Koexistenz von Geschichte und radikaler Moderne denkbar waren, mußte die Avantgarde auch zerstören und verdrängen – wie es die Avantgarde der Technik in Beziehung auf die Umwelt getan hat. Hindemith besteht, hierin Messiaen ähnlich, auf der Qualität des Organischen in der

Musik; er besteht auch auf der Differenz des äquidistanten Tonsystems von den reinen Intervallen – womit hier nicht Hindemiths fundamentalistische Naturvorstellung gemeint ist sondern die Erinnerung an die Genese unseres Tonsystems, die von dem Positivismus der fünfziger und sechziger Jahre verdrängt worden war. Ebenso wird man in den Werken des späten Hindemith eine zwar traditionelle, aber vergleichsweise hochentwickelte musikalische Syntax finden. Dagegen lieferte die rationale Neukonstruktion der Musik in Parametern, wie sie die Darmstädter Schule vorgenommen hat, zunächst ziemlich primitive Modelle für musikalische Syntax. Noch schlimmer sieht die Sache bei der jahrelang zur Mode verkommenen Aleatorik aus; vergleicht man die Spätwerke Hindemiths mit gleichzeitig entstandenen Werken von Lutoslawski, Penderecki oder anderen, wird man verstehen, was ich meine.

Schwerer noch als alle diese formalen Aspekte wog die Gefahr, daß sowohl über dem Scharfsinn der seriellen Konstruktivisten wie auch über dem bewußt gepflegten Irrationalismus der Cage-Epigonen die wichtigste Qualität der europäischen Tradition vergessen wurde: die des Individuellen. So großartig die Leistung der Stockhausen-Boulez-Generation war: Es dauerte nicht lange, und ein leerlaufender, cooler Perfektionismus ihrer Epigonen bestimmte das internationale Erscheinungsbild der Neuen Musik. So erschütternd die Radikalität Cages und seine Absage an die europäische Tradition wirkten: Es dauerte nicht lange, und in seinem Fahrwasser blühte ein schandbarer Dilettantismus auf, der Distanz von der Geschichte mit Unkenntnis von Geschichte verwechselte. In Kreisen, die sich selbst für avanciert halten, kann man manchmal ähnlichen Symptomen begegnen wie in den gänzlich traditionalistischen Zirkeln etwa der Opernfans oder der Barock- und Klassikfanatiker: enger Horizont, arrogante Intoleranz, Fixierung auf eine bestimmte Aesthetik und auf einzelne Stars – mit einem Wort: Fehlen jeden geschichtlichen Denkens. Das alles besagt natürlich nichts gegen die Notwendigkeit der historischen Avantgarde; es zeigt aber, daß es immer wieder einzelne Figuren geben muß, welche die Qualität des Individuellen als Moment einer stets sich neu bestimmenden Freiheit verkörpern – unter Umständen auch gegen die herrschenden Zeitströmungen. Bernd Alois Zimmermann etwa hat seine Arbeit so verstanden. Regelmäßig werden solche komplexen Figuren von den Ideologen der verschiedenen Kunstparteien verurteilt und mit Bann belegt; man muß sie verteidigen. Es geht zum Beispiel nicht an, den späten Hindemith grundsätzlich gegen den frühen abzuwerten. Abgesehen davon, daß sich unter den späten Stücken eine Reihe von unbezweifelbaren Meisterwerken finden – wie das „Requiem", die „Sinfonie in Es", die Kantate „Apparebit repentina dies"- ist in Hindemiths Gesamtwerk eine klar erkennbare Entwicklung seiner kompositorischen Mittel zu erkennen, die zwar nicht auf der Linie der Avantgarde liegt, die aber in sich doch schlüssig ist. Sie führt von einer chaotischen Linearität und einer ungeordneten stilistischen Vielfalt zu einer Vereinheitlichung und Systematisierung insbesondere der Harmonik. Man mag das bedauern, man mag die Wildheit des frühen Hindemith vorziehen, aber man muß das innere Bildungsgesetz eines Individuums ebenso respektieren wie seine Freiheit.

Hindemith ist nie verlogen; er macht nur einen charakteristischen Gebrauch von seiner Freiheit, nämlich den, sich dem Fortschritt zu verweigern. C. G. Jung hat einmal bemerkt, daß man schließlich einem Patienten, der sich in psychoanalytische Behandlung begäbe, auch die Freiheit zubilligen müsse, seine Neurosen zu behalten, wenn er das unbedingt wolle. Wir haben heute mehr Verständnis für Menschen, die sich dem Fortschritt widersetzen, selbst wenn wir diesen Fortschritt für notwendig halten. Auch wechseln die Methoden zur Erfassung dessen, was fortschrittlich oder rückschrittlich sei, in diesem Jahrhundert recht schnell. Es gibt eine Bemerkung Adornos über die Uraufführung der „Harmonie der Welt", Hindemiths später Oper über Johannes Kepler. Adorno spricht von der Uraufführung als von einem Staatsbegräbnis und sagt über die Oper: „Deren affirmative Ideologie, die um die Wahrheit des Verherrlichten unbekümmerte Verherrlichung des Weltbildes, das zu demontieren wesentlicher Inhalt der Geschichte der Naturwissenschaften seit Kepler war, reimt sich auf die Gesinnung des längst Konservativen, der nun zum krassen Reaktionär wurde." Wenn wir heute, dreißig Jahre nach der Niederschrift dieses Satzes, bedenken, daß das damals noch intakte Newtonsche Weltbild genau in diesen dreißig Jahren durch die neuen Erkenntnisse der Astrophysik, der Chaosforschung und der Biochemie so stark modifiziert worden ist, daß viele Physiker hier ebenfalls von Demontage eines Weltbildes sprechen, so widerlegt das den Adornoschen Satz zwar in keiner Weise, erhellt aber doch blitzartig, wie schnell auch die scheinbaren Konstanten des modernen kritischen Bewußtseins selbst wieder kritisch hinterfragt werden müssen. Wie aufschlußreich ist es zum Beispiel, daß, nachdem die Theoretiker der Avantgarde ihre Systematik nach dem Modell wissenschaftlicher Theorie konzipierten, seit einiger Zeit von manchen prominenten Naturwissenschaftlern die Empfehlung ausgesprochen wird, wissenschaftliche Theorien mehr im Sinne künstlerischer Entwürfe aufzufassen. Um wieviel mehr müssen die Künstler heute einen so verstandenen Pluralismus neu erlernen! Denn nicht dogmatische Gewißheit sondern Unsicherheit und Ungewißheit sind die größten Stimulantien für künstlerische Produktivität.

Hindemiths Werk steht vor uns als das Werk eines Zeitgemäß-Unzeitgemäßen. Es ist zweifellos mehr der Vergangenheit als der Zukunft zugewandt. Aber bevor man das verurteilt, muß man bedenken, daß Komposition immer auch, ob sie es will oder nicht, an geschichtliche Formen anknüpft und Interpretation des Überkommenen ist – selbst wenn sie dieses ablehnt. Die heutigen Komponisten, Erben der radikalen Avantgarde, müssen sich mit genau den Problemen herumschlagen, die wir vorhin als „Einspruch Hindemiths" herausgearbeitet haben – mit denjenigen Problemen, welche die klassische Avantgarde nicht lösen konnte: mit der Etablierung einer umfassenden Syntax, mit der Definition von Tonsystem und Harmonik, und mit einem neuen Verständnis des musikalischen Ganzen als eines offenen, organischen, zeitlichen Prozesses, der unendlich viel komplexer ist, als es das rein lineare Parameterdenken erfassen konnte. Die theoretischen Antworten Hindemiths sind für uns völlig unbrauchbar; vorbildlich aber ist er uns als Künstler, der nie das Ganze aus dem Blick verlor: das Ganze des Kunstwerks, aber auch das Ganze der menschlichen Geisteskultur, in dem die Musik ihren spezifischen Platz hat.

VII.

Wenn wir das eben Gesagte ernst nehmen, wenn wir uns die Verantwortung Hindemiths für das Ganze der Kultur wirklich zum Vorbild nehmen, dann können wir an dieser Stelle, an der sich der Kreis unserer Überlegungen schließt, nicht beruhigt zum Ende kommen. Wir würden uns dann in akademischer Weise damit begnügen, ein Stück europäischer Geistesgeschichte genauer betrachtet zu haben. Hindemiths besorgte und kritische Gedanken zum Musikleben seiner Gegenwart verlangen aber, daß man sie weiterdenkt und auf die heutige Gegenwart ausdehnt. Scheuen wir uns also nicht, in einer letzten Wendung aus den Höhenflügen unserer Reflexion mit einem Sprung in die Niederungen unseres kulturellen Alltags zurückzukehren.

Wer nimmt teil an unseren Gedanken, wer hört unsere Töne? Um die Entwicklung der Kunst unserer Zeit zu vermitteln, bedarf das Kulturleben nicht weniger sondern mehr an Aktivitäten – es bedarf zum Beispiel solcher Gruppen wie das „Ensemble Modern", Gruppen, die sich ausschließlich der Pflege Neuer Musik widmen. Ein Kulturvolk muß dafür sorgen, daß die richtungweisenden und heilenden Botschaften, die seine großen Geister hervorbringen, auch verstanden werden – sonst sinkt es herab zu einer Gesellschaft von oberflächlichen Spezialisten. Eine Gesellschaft, die nur die Spezialisten ehrt, verzichtet aber auf die Hoffnung, noch das Ganze steuern zu können, und liefert sich endgültig den Fatalitäten einer blind in ihren Untergang rennenden technischen Zivilisation aus. Eine Gesellschaft, die vergißt, den nachfolgenden Generationen die Sprachen der Künste nahezubringen, klinkt sich (wenigstens in dieser Hinsicht) aus der Gemeinschaft der Kulturvölker aus und akzeptiert, daß ihre Kinder zu partiellen Analphabeten werden, welche die Komplexität der gewachsenen europäischen Kunstsprachen nicht mehr entziffern können und allenfalls noch fähig sind, sich durch Graffiti und Rockmusik auszudrücken.

Erinnert man sich in fernen Zeiten, in denen die deutsche Sprache vielleicht gar nicht mehr gesprochen wird, an unsere mit soviel Schuld und Zerstörung belastete Geschichte, so wird als deren stärkster positiver Faktor unsere einzigartige musikalische Kultur der letzten Jahrhunderte in die Waagschale fallen. Was aber wird man denken über ein Jahrhundert, in dem wir nicht nur die natürlichen Ressourcen der Umwelt in unverantwortlicher Weise verschwendet und zerstört haben, sondern zu guter Letzt auch noch unsere musikalische Kultur leichtsinnig aufs Spiel setzten?

Georg Picht, jener Philosoph, der in der Zeit nach Adorno am intensivsten über die Musik in einer veränderten, nämlich durch die ökologische Krise bedrohten Welt nachgedacht hat und dessen Aufsätze Pflichtlektüre jedes Politikers sein sollten, verglich die Folgen eines etwaigen Abbaus der bürgerlichen Musikinstitutionen mit der Zerstörung der großen europäischen Städte im letzten Weltkrieg. Er begründete ausführlich, daß der Staat durch ein möglichst hohes Angebot musikalischer Früherziehung wie auch weiterführender Erwachsenenbildung in allen größeren Städten das durch den Niedergang der Hausmusik entstandene Vakuum auffüllen müsse, um einer sonst drohenden »affektiven Verrohung" der künftigen Gesellschaft zu steuern. Musik und Kunst sind kein eitles Spiel; sie sind vielmehr eng verbunden mit psychischer Ausgeglichenheit und Gesundheit, mit Vitalität und Kreativität und letzten Endes mit der Friedensfähigkeit der Menschen. In unserem Land sind diese Gedanken immer noch nicht begriffen worden; ein allzu glatt laufender Musikbetrieb, der von Jahr zu Jahr oberflächlicher wird, scheint die Einsicht zu verhindern, daß auch die größte Kunst zur Unterhaltungsware absinkt, wenn das Verstehen ihrer Tiefendimension nicht ebenfalls vermittelt wird. Der Staat kann sich nicht aus seiner Verantwortung für die Kultur wegstehlen, ohne seine Bürger auf die Dauer schwer zu schädigen; er muß heute nach neuen Wegen suchen, den finanziell immer mehr in die Enge getriebenen Städten bei der Erfüllung ihres Kulturauftrages zu helfen. Die Verantwortung des Staates für ein freies Kulturleben kann auch durch die besten privaten Hilfsaktionen nicht aufgehalten werden; die Gefahr ist zu groß, daß die Kultur in eine falsche Abhängigkeit gerät.

Blicken wir einige Kilometer westwärts zu unseren französischen Nachbarn, so stellen wir fest, daß eine weitsichtige Kulturpolitik dort Dinge zustande gebracht hat, von denen man hierzulande nur träumen kann, und die exakt die richtige Antwort auf die von Georg Picht diagnostizierten Probleme sind. In der gerade eröffneten Pariser „Cité de la musique" finden wir eine der faszinierendsten kulturellen

Neugründungen dieses Jahrhunderts. Inspiriert von Pierre Boulez und, trotz der allgemeinen Finanzprobleme, vom Staat wahrhaft großzügig subventioniert, entstand eine Institution auf dem höchsten heute denkbaren professionellen Niveau, welche ein vielseitig orientiertes Konzertangebot mit enzyklopädisch angelegter, alle Weltkulturen umfassender Musikforschung und neuartigen, die Traditionen des ehrwürdigen Conservatoire ergänzenden pädagogischen Aktivitäten verbindet – Aktivitäten, die sich nicht nur künftigen Musikern sondern ebenso Laien zur Verfügung stellen. Das „Ensemble Intercontemporain", das staatlich erhaltene Spezialensemble für Neue Musik, hat hier seinen Ort gefunden: die lebenden Komponisten haben hier die Möglichkeit, sich dem Publikum in Einführungen und Konferenzen regelmäßig mitzuteilen. Es ist eine Schande, daß in Deutschland nichts auch nur annähernd Vergleichbares zu finden ist: stattdessen ist hier die Rede von Abbau, Kürzungen, ja Schließungen. Der Kunst- und Musikunterricht in staatlichen Schulen ist längst auf ein lächerliches Minimum geschrumpft, und die sogenannten Leistungskurse werden bei nicht vollständiger Ausnutzung schnell gestrichen.

Jeder verantwortliche Politiker muß sich über eines klar sein: Kultur beruht auf kontinuierlicher Übung; durch Unterbrechung ihrer Kontinuität können kulturelle Strukturen in wenigen Jahren zerstört werden, zu deren Aufrichtung das Zehnfache an Zeit nötig ist. Frankfurt, die Stadt Goethes, die Stadt Hindemiths und Adornos, muß gerade als künftige europäische Finanzmetropole unbedingt auch eines der zwei, drei geistigen Zentren unserer Republik sein – sonst würde sie ihre Identität aufgeben. Die Pflege ihrer eigenen kulturellen Institutionen ist dafür die wichtigste Voraussetzung. Kultur kann man nicht importieren, man muß selbst produktiv sein. Dies kann nur auf einer unserer geschichtlichen Entwicklung entsprechenden Stufe geschehen – sonst würde auch hier jene gefährliche, ja schizophrene Gleichzeitigkeit von hochkomplexem technologischem Denken und kulturellem Steinzeitniveau entstehen, die ohnehin immer charakteristischer für unsere politische und Medien-Landschaft wird.

Sollten nicht überall in unserer Republik sämtliche politische Parteien, gerade auch die „Grünen", auf die sich im Hinblick auf die Umwelt so viele Hoffnungen richten, endlich verstehen, daß die Erhaltung eines Sinfonie-Orchesters, eines Theaters, eines Museums vergleichbaren Sinn hat wie die Erhaltung von Wald und Feld; daß die musische Erziehung der jungen Menschen vergleichbar wichtig ist der Erziehung zum sozialen und ökologisch richtigen Verhalten? Beides zusammen erst kann uns wieder reine Luft zum Atmen bereiten, für die Lungen wie für den Geist; kann den in der leeren Geschäftigkeit selbstgeschaffener Zwänge erstickenden modernen Barbaren wieder zu einem schöpferisch frei sein Leben gestaltenden Menschen werden lassen.

Hier wären Hindemith und Adorno einer Meinung. Es bleibt die Hoffnung auf die regenerierenden Kräfte, die auch in einer niedergehenden Kultur noch am Werk sind. Auf die Förderung dieser Kräfte sollte all unsere Energie gerichtet sein.

Biographische Hinweise

von Helmuth Kreysing

JOHN CAGE, Komponist und Schriftsteller, wurde 1912 in Los Angeles geboren. Er studierte in Paris und Los Angeles u. a. bei Arnold Schönberg. 1938 wurde er Dozent in Seattle und arbeitete seit 1942 mit dem Choreographen Merce Cunningham zusammen.

Cage gilt als einer der Hauptvertreter der experimentellen Musik. Von besonderer Bedeutung sind seine Werke für Schlagzeugensemble, für präpariertes Klavier, für Alltagsgeräusche und für elektroakustische Geräte. Die Aufführungen seiner Kompositionen beeinflußten seit den 1950er Jahren nachhaltig das Schaffen insbesondere der jungen europäischen Komponisten. Cage betrachtete eine Komposition nicht als abgeschlossenes Werk, sondern als ein „work in progress", welches wesentlich vom Zufall bestimmt wird. Sein Schaffen wurde von indischer, japanischer und chinesischer Philosophie sowie von den Schriften Henry David Thoreaus und James Joyces beeinflußt. Er starb 1992 in New York.

PAUL HINDEMITH wurde 1895 in Hanau geboren. Er studierte Geige und Komposition in Frankfurt. 1915–23 war er Konzertmeister im Frankfurter Opernhausorchester. Großes Aufsehen erregte 1921 bei den Donaueschinger Kammermusiktagen die Uraufführung seines Streichquartetts op. 16. Lange Zeit war Hindemith Mitglied des Amar-Quartetts, das durch seinen Einsatz für die Neue Musik internationalen Ruf errang. 1927 bekam er eine Professur für Komposition in Berlin. Seit 1933 war Hindemith immer wieder öffentlichen Angriffen der Nationalsozialisten ausgesetzt, woraufhin er sich 1935–37 an der Reform des Musiklebens in der Türkei beteiligte und 1938 zuerst in die Schweiz, dann in die USA emigrierte. 1940–53 hatte er einen Lehrauftrag an der Yale-University in New Haven, und von 1951–57 lehrte er in Zürich.

Sein Kompositionsstil der „neuen Sachlichkeit" ließ ihn zu einem der führenden Komponisten der deutschen musikalischen Avantgarde in den 1920er-Jahren avancieren. Sein vielseitiges Schaffen umfaßte nahezu alle musikalischen Gattungen. Er starb 1963 in Frankfurt/Main.

HELMUT LACHENMANN wurde 1935 in Stuttgart geboren. Er studierte Komposition bei Johann Nepomuk David in Stuttgart und bei Luigi Nono in Venedig. Anschließend lebte er als freier Komponist und Pianist in München und wurde zu verschiedenen Lehrtätigkeiten verpflichtet. 1972 wurde Lachenmann Professor für Komposition in Ludwigsburg, 1976 an der Musikhochschule in Hannover, und seit 1981 lehrt er Komposition an der Musikhochschule in Stuttgart.

Zentrale Bedeutung für sein Komponieren haben Fragen der kulturellen und gesellschaftlichen Bedingungen des Komponierens und der musikalischen Erfahrung. Daraus resultieren Kompositionen im Spannungsfeld von Impulsivität, Sensibilität, politischem Bewußtsein und Reflexion. Lachenmann verwendet in seinen Werken neben seriellen Techniken auch Collagen aus Zitaten historischen Materials; seine besondere Leistung ist jedoch die Entwicklung neuer Spiel- und Klangfarbentechniken.

OLIVIER MESSIAEN wurde 1908 in Avignon geboren. Er studierte Orgel bei Marcel Dupré und Komposition bei Paul Dukas. Von 1931 an war er 55 Jahre lang Organist an der

Kirche Saint-Trinité in Paris. Messiaen lehrte seit 1941 am Pariser Conservatoire; zudem gründete er 1943 eine private Kompositionsklasse. Nach dem Krieg war er einer der wichtigsten Lehrer der jungen Komponistengeneration. Seine 1949 komponierte 2. Klavieretüde „Mode de valeurs et d'intensité" wurde zum Auslöser des strengen seriellen Komponierens der jungen Generation, wobei Messiaen in seinen späten Werken diese Methode nur gelegentlich benutzte.

Charakteristisch für Messiaens Werke ist eine modale Harmonik, Transkriptionen von Vogelgesängen in dichte aleatorische Felder, eine eigenwillige Zeitgestaltung und die religiöse Thematik. Sein reiches Lebenswerk, das neben bedeutenden Orchesterkompositionen besonders die Orgel und das Klavier bedacht hat, gipfelt in seiner Oper „Saint Franço s d'Assise". Er starb 1992 in Paris.

GIACINTO SCELSI, Komponist und Schriftsteller, wurde 1905 in La Spezia (Italien) geboren. Er nahm Kompositionsunterricht in Rom, Genf sowie in Wien bei einem Schüler Arnold Schönbergs und lebte nach zahlreichen Reisen seit 1952 als freier Komponist in Rom.

Scelsi orientierte sich in seinen frühen Werken zuerst am Neoklassizismus, später an der Zwölftontechnik und den Werken Alexander Skrjabins. Von Bedeutung sind aber vor allem seine Kompositionen, die er nach einer schweren psychischen Krise seit den 1950er Jahren schrieb. Er entwikkelte darin ein eigenes musikalisches Ausdruckskonzept, das wesentlich von seiner Beschäftigung mit fernöstlichem Gedankengut beeinflußt war. Rhythmus und Tonbeziehungen traten zurück vor einem Schaffen, das gänzlich auf Ton und Klang ausgerichtet war. Scelsis Vorliebe für Mikrointervalle ließ ihn in seinen Werken Streichinstrumente und die menschliche Stimme bevorzugen. Er starb 1988 in Rom.

Lesen, was in die Tiefe geht

Kalila und Dimna oder die Kunst, Freunde zu gewinnen
Fabeln des Bidpai, erzählt von R. Wood – Vorwort von Doris
Lessing
Illustrationen von Margaret Kilkenny
Band 4515

„Ich möchte den sehen, der dieses Buch in die Hand nimmt und nicht in
einem Zug durchliest." (Doris Lessing)

Barbara Gobrecht
Märchenfrauen
Von starken und schwachen Frauen im Märchen
Band 4479

Ein faszinierendes Lesebuch über weibliches Leben. Mit farbigen Texten
zum Träumen und Vorlesen.

Helmut Fischer
Die Ikone
Ursprung – Sinn – Gestalt
Band 4417

Die Ikone gehört ins Zentrum ostkirchlichen Lebens. Das Buch öffnet die
Augen für diesen tiefen Sinnzusammenhang und erschließt eine reiche,
im Kult verankerte Bildwelt. Mit 16 Farbtafeln und zahlreichen
Abbildungen.

Lutz Röhrich
Lexikon der sprichwörtlichen Redensarten
Band 4400

„Ich habe selten ein solches Buch gelesen, das mir von Anfang an soviel
Spaß gemacht hat und aus dem ich zugleich soviel gelernt habe."
(Südwestfunk)

Ingrid Ahrendt-Schulte
Weise Frauen – böse Weiber
Die Geschichte der Hexen in der frühen Neuzeit
Band 4336

Wie wurden Hexen „gemacht"? Die Historikerin hinterfragt alte und
neue Mythen.

HERDER / SPEKTRUM

Waltraud Woeller/Matthias Woeller
Es war einmal ...
Illustrierte Geschichte des Märchens
Band 4267

Alles, was man vom Märchen wissen muß: Wesen und Geschichte, Archetypen und kulturelle Besonderheiten. Der Grundstock für jede Märchensammlung.

Hans Sedlmayr
Die Entstehung der Kathedrale
Band 4181

„Ein Buch von gleicher materialer Weite und gleicher Tiefe wird nicht wieder geschrieben werden können" (Das Münster). Mit zahlreichen schwarzweißen Abbildungen.

Thomas Görnitz
Carl Friedrich von Weizsäcker
Ein Denker an der Schwelle zum neuen Jahrtausend
Band 4125

Die fesselnd geschriebene Hommage an einen eindrucksvollen Menschen und prophetischen Kritiker unserer Zeit.

Carl Friedrich von Weizsäcker
Die Sterne sind glühende Gaskugeln und Gott ist gegenwärtig
Über Religion und Naturwissenschaft
Band 4077

Ein Buch, das mit uralten Mißverständnissen aufräumt und einen radikalen Bewußtseinswandel fordert.

Hans Zender
Happy New Ears
Das Abenteuer, Musik zu hören
Band 4049

Der berühmte Dirigent und Komponist erschließt den fantastischen Reichtum von Klang und Farbe moderner Musik.

HERDER / SPEKTRUM